Hubert
Schulrecht im Schulsekretariat

Schulrecht im Schulsekretariat

Schulrechtliche Fallbeispiele und Lösungen

von

Jens-Reinhold Hubert

Dozent am Studieninstitut POLIS®-Seminare

2. Auflage 2025

KSV Medien

Die Herstellung bei KSV Medien erfolgt weitgehend digital
und in dem Bewusstsein, eine möglichst ressourcenschonende
Produktion zu gewährleisten.

Bibliografische Information der Deutschen Nationalbibliothek
Die Deutsche Nationalbibliothek verzeichnet diese Publikation in der Deutschen Nationalbibliografie; detaillierte bibliografische Daten sind im Internet über http://dnb.dnb.de abrufbar.

2. Auflage 2025
Konrad-Adenauer-Ring 13 · 65187 Wiesbaden
info@ksv-medien.de · www.ksv-medien.de

Satz: MetaLexis, Niedernhausen
Druck: CPI books

ISBN: 978-3-8293-2057-3

Inhalt

Vorwort zur 2. Auflage

Schulsekretärinnen und Schulsekretäre sind tagtäglich mit einer Vielzahl schulischer Fragestellungen konfrontiert, deren rechtliche Dimensionen nicht Immer unmittelbar erkennbar sind. Dieses Buch richtet sich an alle Verwaltungskräfte im Schulbereich, die sich einen fundierten Überblick über relevante schulrechtliche Themen verschaffen möchten – sei es zur Orientierung im schulischen Alltag oder zur konkreten Lösung eines aktuellen Problems.

Sollten Sie sich in der komplexen Welt des Schulrechts unsicher fühlen, sind Sie keineswegs allein. Die rechtlichen Beziehungen zwischen Schule, Eltern und Schülerinnen sind mitunter vielschichtig und stellen insbesondere für Personen ohne juristische Vorkenntnisse eine Herausforderung dar. Dabei sind gerade Schulverwaltungsmitarbeiter:innen häufig erste Anlaufstellen für Eltern und Schüler:innen und müssen in der Lage sein, kompetent und rechtlich abgesichert Auskunft zu geben.

Das deutsche Schulrecht ist durch eine Vielzahl an Vorschriften, Erlassen und Verwaltungsanweisungen geprägt. Die praktische Umsetzung dieser Vorschriften wirft im Schulalltag immer wieder Fragen auf – von der Aufsichtspflicht über datenschutzrechtliche Vorgaben bis hin zum Umgang mit getrennt lebenden Eltern oder Unterrichtsausschlüssen. Begriffe und Regelungen sind oft schwer zugänglich, insbesondere wenn sie juristisch technisch formuliert sind oder in der schulischen Praxis unterschiedlich ausgelegt werden.

Die Informationslage ist zudem erschwert durch teils widersprüchliche Aussagen aus dem Kollegium, durch unzuverlässige Onlinequellen und fehlende klare Auskünfte durch vorgesetzte Behörden. Während Lehrkräfte häufig auf kurzem Dienstweg juristischen Rat bei Schulleitungen oder Schulaufsichten einholen können, bleibt dieser Weg Schulsekretariaten oftmals verschlossen. Auch die zuständigen Stellen in Rathäusern und/oder (deren) Schulverwaltungsämtern verfügen nicht immer über hinreichende Rechtskenntnisse.

Dabei ist es essenziell, dass gerade Schulverwaltungsfachkräfte – die „Visitenkarte" der Schule – über die geltenden Regelungen informiert sind. Das schulische Umfeld ist keineswegs ein rechtsfreier Raum, sondern unterliegt einem differenzierten Gefüge aus Gesetzen, Verordnungen und Verwaltungsvorschriften, die Rechte und Pflichten aller Beteiligten definieren. Ein sicherer Umgang mit diesen Normen ist Grundlage für eine funktionierende Schulverwaltung und trägt entscheidend zur Wahrung des Schulfriedens bei.

Ziel dieser zweiten Auflage ist es daher, schulische Themen aus juristischer Sicht wieder so aufzubereiten, dass sie für Schulsekretär:innen verständlich und praxisnah nachvollziehbar werden. Die in verständlicher Sprache aufbereiteten Inhalte sollen Handlungssicherheit geben, die Zusammenarbeit mit Kollegium und Eltern erleichtern und den beruflichen Alltag strukturieren helfen.

Die vorliegende zweite, überarbeitete Auflage geht über eine bloße Aktualisierung hinaus. Sie basiert auf den Rückmeldungen und Fragen von Teilnehmer:innen meiner Seminare am POLIS®Institut sowie auf den in der Praxis besonders relevanten Themenkomplexen, darunter Aufsichtspflicht, Erste Hilfe, der Umgang mit getrennterziehenden Eltern und pandemiebedingte Herausforderungen (z.B. COVID-19). Zudem wurden neue Fallbeispiele – u. a. aus aktuellen Ereignissen wie den Entführungsfällen in Edenkoben und Döbeln –integriert, ebenso wie praxisrelevante Inhalte aus dem POLIS®-Lehrgang zur „Geprüften und zertifizierten Fachkraft für Schulrecht im Schulbüro".

Mein Dank gilt herzlich dem KSV-Verlag, insbesondere Frau Julia Steegmüller, für die erneut hervorragende und konstruktive Zusammenarbeit.

Ebenso herzlichen Dank an meine aus dem Schulleben stammenden Eltern, Renate und Walter Hubert, (Lehrerin und Schulpsychologe), die meine Fälle immer wieder unter dem Aspekt „Theorie und Praxis" reflektieren und selbstverständlich meinen Mitarbeiter:innen und Kolleg:innen am POLIS®-Institut und meiner Familie in Hamburg, Neustadt an der Weinstraße und Köln.

Ich wünsche Ihnen eine erkenntnisreiche Lektüre und hoffe, dass auch diese Auflage ein hilfreiches Nachschlagewerk für Ihren beruflichen Alltag wird.

Hamburg, im Juni 2025
Jens-Reinhold Hubert

Sprachliche Gleichstellung

Der besseren Lesbarkeit wegen wird bei Personen- und Funktionsbezeichnungen nur die männliche Form verwendet. Sie gelten gleichermaßen für Frauen und Personen, die sich keinem Geschlecht zugehörig fühlen.

1. Fall: Das Dienstsiegel

Vor einigen Jahren gab es ein großes Stadtfest in einer deutschen Großstadt. Auf diesem Fest waren Schüler einer weiterführenden Schule anwesend, zu einer Uhrzeit, bei der diese längst zu Hause hätten sein müssen. Diese Schüler hatten Rucksäcke dabei, in denen sich große Mengen vorgemixte sog. „Alkopops" befanden. Es kamen Polizeibeamte zu diesem Fest, welche die anwesenden Schüler baten, ihre Taschen zu öffnen und sich auszuweisen. Daraufhin zeigten diese Schüler den Polizeibeamten Schülerausweise. Diese waren versehen mit einem Lichtbild, welches vom Dienstsiegel des Landes (versehen mit dem Hoheitssymbol des Landes) abgestempelt war, unterschrieben von der bei der Stadt beschäftigten Schulsekretärin (Schulverwaltungskraft). Diese Schulsekretärin wurde daraufhin angezeigt wegen missbräuchlichen Gebrauchs eines Hoheitssymbols des Bundeslandes.

Die Unterschriftsbefugnis steht zunächst dem Schulleiter, bei seiner Verhinderung seinem ständigen Vertreter, zu. Die Delegation der Zeichnungsbefugnis kann durch die „Allgemeine Dienstanweisung" unterschiedlich geregelt sein. Bei der Delegation der Zeichnungsbefugnis sind die Größe der Schule, die Art und die Bedeutung des Geschäftsvorgangs und die fachliche Qualifikation der Schulverwaltungskraft zu beachten. Es darf in der Regel wie folgt verfahren werden:

1. Wichtige Berichte an die Schulaufsichtsbehörde, an den Schulträger oder sonstige amtliche, behördliche und öffentliche Stellen und größere monetäre Aufträge, soweit diese von der Schule überhaupt erteilt werden dürfen, unterschreibt der Schulleiter bzw. sein ständiger Vertreter in dem ihm übertragenen Sachgebiet;
2. Schreiben, z. B. im Zusammenhang mit Schulpflichtverletzungen, Leistungsbewertungen und Verwaltungsakte jeglicher Art, unterzeichnet der Schulleiter.
3. Schriftstücke, mit denen sich die Schule in grundsätzlichen Fragen nicht festlegt (z. B. Schulbescheinigungen oder Schülerausweise), **kann jederzeit die Schulverwaltungskraft mit Zuhilfenahme des**

meist quadratischen aber auch manchmal runden Schulstempels des direkten Schulträgers unterschreiben. Dies gilt auch für

4. Angelegenheiten, über deren Beantwortung der Schulleiter durch einen Vermerk auf dem Schriftstück bereits entschieden hat. Bsp.: Ein Vater bittet per Brief, seinen Sohn aufgrund einer bevorstehenden Hochzeitsfeier der Patentante des Schulkindes von einem Tag aus dem Unterricht zu befreien. Der Schulleiter schreibt auf ebendiesen Brief des Vaters „O.K." oder „Geht klar!", unterzeichnet dies mit seinem Kürzel und reicht diesen Brief an die Schulverwaltungskraft weiter. Jetzt kann die Schulverwaltungskraft im Namen des Schulleiters ein Antwortschreiben im Namen des Schulleiters (i. A. Schulverwaltungskraft) aufsetzen und unterschreiben.
5. Beglaubigungen: Durch eine Beglaubigung wird amtlich bescheinigt, dass
   a) eine Unterschrift oder ein Handzeichen von einer bestimmten Person geleistet wurde oder
   b) dass eine Abschrift, Ablichtung oder Vervielfältigung mit der Urschrift übereinstimmt. Die Schule ist befugt, schulbezogene Schriftstücke zu beglaubigen. Der Beglaubigungsvermerk ist nach den jeweiligen landesspezifischen Regelungen zu erteilen. Diese Aufgabe kann die Schulverwaltungskraft übernehmen. So sehen es auch manche deutschen Schulgesetze.

1. Bsp. Schreiben des Kultusministeriums Baden-Württemberg (2019):

„Die öffentlichen Schulen sind gem. § 23 Abs. 1 des Schulgesetzes nicht rechtsfähige öffentliche Anstalten, die von einem kommunalen Schulträger gemeinsam mit dem Land getragen werden. Soweit sie auf dem Gebiet der inneren Schulangelegenheiten einen Verwaltungsakt erlassen, gelten sie als untere Sonderbehörde i. S. von § 17 Abs. 4 des Landesverwaltungsgesetzes. Sie führen deshalb im Rahmen der Ausübung hoheitlicher Tätigkeiten, etwa bei der Erteilung von Zeugnissen, bei der Entscheidung über Versetzungen und bei der Ausstellung von Bescheinigungen, ein Dienstsiegel. Da die auszuübenden hoheitlichen Tätigkeiten in den Aufgabenbereich des Landes fallen, ***soll im Dienstsiegel der Schule grundsätzlich das Landeswappen geführt*** *werden.*

*Die **Unterzeichnung des Zeugnisses erfolgt durch den Schulleiter oder dessen Vertreter**. Die Beglaubigung einer Abschrift eines Zeugnisses stellt keinen Verwaltungsakt dar. Dies kann auch **von der Schulsekretärin vorgenommen** werden."*

2. Bsp. Runderlass des Kultusministeriums Niedersachsen (2013):
*„2.3.: Zur Führung des kleinen Dienstsiegels (des Landes Niedersachsen) ist grundsätzlich die Leiterin oder der Leiter der Schule berechtigt. Die **Ermächtigung einer oder eines anderen Angehörigen der Schulen (z. B. Schulverwaltungskraft) zur Führung des kleinen Dienstsiegels kann** von der Leiterin oder dem Leiter der Schule nur schriftlich **erteilt werden**."*
Die Schulverwaltungskraft hat sich von der Identität der erschienenen Person zu überzeugen. Die Unterschrift eines Geschäftsunfähigen kann nicht beglaubigt werden.

Zusammenfassung:

In einer Schule wird getrennt zwischen dem **Dienstsiegel des Landes** mit Hoheitszeichen des jeweiligen Bundeslandes und dem **Schulstempel**.

Durch das **Dienstsiegel** soll Schriftstücken ein urkundlicher Wert beigemessen werden. Darüber hinaus wird das Siegel bei der Beglaubigung verwendet. Landesrechtliche Vorschriften regeln die Siegelführung. Der Siegelführer ist in der Regel der Schulleiter oder sein ständiger Vertreter. Er hat das Dienstsiegel sicher aufzubewahren und bei Nichtbenutzung zu verschließen. Der Verlust des Dienstsiegels ist sofort der Stelle zu melden, die das Dienstsiegel ausgestellt hat.

Der **Schulstempel** – meist ausgegeben vom kommunalen Schulträger oder des freien Trägerverbands z. B. – stellt nur einen Herkunftsort dar. Diesen darf die Schulverwaltungskraft jederzeit unterschreiben.

TIPP:

► Wenn Sie sich nicht sicher sind, ob in Ihrem Bundesland der siegelführende Schulleiter Ihnen als Schulverwaltungskraft dieses Siegel übertragen darf, dann benutzen Sie lieber kein Dienstsiegel und unterschreiben Sie dieses auch nicht!

Übersicht:

Was?	Wer darf unterzeichnen?	Mit welchem Stempel?
Zeugnis	Schulleiter oder Vertreter	Dienstsiegel
Schulbescheinigung	Schulverwaltungskraft	Schulstempel
	Schulleiter oder Vertreter	Dienstsiegel oder Schulstempel
Schülerausweise	Schulverwaltungskraft	Schulstempel
	Schulleiter oder Vertreter	Dienstsiegel oder Schulstempel
Beglaubigungen	Je nach Bundesland (!): Schulverwaltungskraft (nach vorheriger Übertragung durch die SL)	Dienstsiegel
	Schulleiter oder Vertreter	Dienstsiegel
Schulpflichtverletzungen	Schulleiter oder Vertreter	
Leistungsbewertungen	Schulleiter oder Vertreter	
Verwaltungsakte	Schulleiter oder Vertreter	

2. Fall: Die volljährige Schülerin

Eine Schülerin feiert morgens mit ihren Eltern vor Schulbeginn ihren 18. Geburtstag. Die Mutter findet, die Schülerin verhalte sich an diesem Morgen „etwas komisch". Und tatsächlich: Die Schülerin erscheint vor Unterrichtsbeginn im Schulsekretariat und sagt: „Ich habe keinen Bock mehr auf Schule. Ich melde mich hiermit von der Schule ab." Sie begründet diese alleinige Entscheidung mit der Tatsache, sie sei heute volljährig geworden. Wenig später ruft die Mutter des nun volljährigen Kindes sorgenvoll im Schulsekretariat an und fragt die Sekretärin: „Sagen Sie mal, irgendwie war unsere Tochter heute Morgen etwas komisch. Gibt es etwas, was wir Eltern wissen müssen ...?"

Dürfen Schulen die Eltern über schulische Angelegenheiten ihrer volljährigen Kinder unterrichten, auch wenn diese nicht eingewilligt haben? Diese Frage wurde nach dem Amoklauf eines ehemaligen Schülers an einem Erfurter Gymnasium laut, nachdem seine Eltern über seinen Schulverweis nicht informiert worden waren, weil er mit 19 Jahren bereits volljährig war.

Hierbei verfahren die Bundesländer unterschiedlich:
In **Baden-Württemberg** stellt sich die Rechtslage wie folgt dar: Sobald ein Schüler volljährig ist, darf die Schule ohne seine ausdrückliche Einwilligung seine Eltern grundsätzlich nicht mehr über seine schulischen Angelegenheiten unterrichten, denn mit Vollendung des 18. Lebensjahres (§ 2 des Bürgerlichen Gesetzbuches [BGB]) endet die elterliche Sorge (d. h. die Pflicht und das Recht der Eltern, für ihr Kind zu sorgen) und damit auch die gesetzliche Vertretung durch die Eltern (§ 1626 Abs. 1, § 1629 Abs. 1 BGB). Vor dem Hintergrund ihrer Fürsorgepflicht darf die Schule in extremen Ausnahmefällen die Eltern volljähriger Schüler jedoch auch ohne deren Einwilligung informieren. Dies gilt beispielsweise dann, wenn ein volljähriger Schüler selbstmordgefährdet ist und die Schule ihrer Fürsorgepflicht nur nachkommen kann, indem sie seine Eltern benachrichtigt. Gleiches gilt, wenn es nach den Umständen des konkreten Einzelfalls in absehbarer Zeit hinreichend wahrscheinlich ist, dass der voll-

jährige Schüler die Rechte anderer Schüler oder Lehrer, etwa auf Leben oder körperliche Unversehrtheit, schwerwiegend beeinträchtigt, und die Schule die Eltern benachrichtigen muss, um diese Gefahr abzuwenden. Eine weitergehende Benachrichtigung der Eltern volljähriger Schüler ist nach dem geltenden Recht in Baden-Württemberg nicht erlaubt. Sie wäre – als Eingriff in das Grundrecht der volljährigen Schüler auf informationelle Selbstbestimmung – nur aufgrund einer neuen gesetzlichen Regelung zulässig. Dabei darf das berechtigte Anliegen, Rechtsgüter Dritter zu schützen, nicht den Blick darauf verstellen, dass eine solche Regelung im überwiegenden Allgemeininteresse liegen und dem Verhältnismäßigkeitsgrundsatz entsprechen muss. Dazu wäre u. a. zu fragen: Ist das Geschehen in Erfurt – als Grund für eine Gesetzesänderung – verallgemeinerungsfähig? Kann eine Benachrichtigung der Eltern in einer solchen Situation eine Straftat verhindern oder bewirkt sie – weil sie gegen den Willen des volljährigen Schülers erfolgt – eher das Gegenteil? Wie groß ist der Einfluss von Eltern auf ihr Kind, wenn dieses ihnen Schulprobleme nicht von sich aus mitteilt? Nach der Auffassung des baden-württembergischen Datenschutzbeauftragten ist keine Änderung des geltenden Rechts geboten. Der Staat sollte sich vielmehr aus dem Verhältnis der Eltern zu ihren volljährigen Kindern grundsätzlich heraushalten.

Anders gestaltet sich die Gesetzeslage z. B. in **Bayern, Rheinland-Pfalz oder NRW**: Hier können die Eltern auch gegen den Willen über wichtige Ereignisse (Nichtbestehen, Verweisung von der Schule) informiert werden. Viele Kultusministerien stellen daher das Verhindern eines möglichen Amoklaufs über das Recht des volljährigen Schülers.

Wieder anders haben Bundesländer wie **Niedersachsen und Hessen** entschieden: Hier dürfen, wenn der Schüler eine Informationsweitergabe untersagt hat, die Eltern nicht informiert werden.

In **Schleswig-Holstein** wiederum wird wie folgt verfahren:

Mit dem Eintritt der Volljährigkeit sind die Eltern der Schüler rein rechtlich gesehen keine Ansprechpartner der Schule mehr. Das Rechtsverhältnis besteht nur noch unmittelbar zwischen der Schule und den Schülern selbst. Datenübermittlungen seitens der Schule an die Eltern der Schulkinder sind daher grundsätzlich nicht mehr zulässig.

Ausgelöst durch den Amoklauf von Erfurt, welcher in der Tat durch einen über 18-jährigen Schüler begangen wurde, sind die meisten

Bundesländer zu dem Ergebnis gekommen, dass die Eltern volljähriger Schüler unter bestimmten Umständen dennoch Informationen über „Unregelmäßigkeiten“ erhalten sollen. § 31 SchulG Schleswig-Holstein sieht deshalb vor, dass die Schulen in Schleswig-Holstein Eltern volljähriger Schüler über:

- Ordnungsmaßnahmen,
- das Ende des Schulverhältnisses,
- den erfolgreichen Abschluss des Bildungsgangs gefährdetes Absinken des Leistungsstands unterrichten darf.

Dies ist in Schleswig-Holstein jedoch nur zulässig, soweit die Schüler einer solchen Datenübermittlung generell oder im Einzelfall nicht widersprechen. Die Schüler sind auf dieses Widerspruchsrecht hinzuweisen.

Sollte in Ihrem Bundesland eine solche Regelung im Schulgesetz vorgesehen sein und/oder um die Schüler über diese Übermittlungsmöglichkeit datenschutzkonform aufzuklären, hilft unten folgender **Widerspruchsbogen**.

Zusammenfassung:

Es gibt keine deutschlandweit einheitliche Regelung, welche Daten an Eltern volljähriger Schüler weitergegeben werden dürfen.

TIPP:

- ▶ Werfen Sie einen Blick in die entsprechende Regelung im Schulgesetz Ihres Bundeslandes.
- ▶ Wenn Sie sich unsicher darüber sind, wem Sie was weitergeben dürfen, tragen Sie Ihre Bedenken unter Zeugen der Schulleitung vor und lassen Sie diese dann entscheiden.
- ▶ Sollte es in Ihrem Bundesland zulässig sein, dass die Schulen Eltern volljähriger Schüler über Ordnungsmaßnahmen, das Ende des Schulverhältnisses oder den erfolgreichen Abschluss des Bildungsgangs gefährdendes Absinken des Leistungsstands unterrichten dürfen, dann verwenden Sie den anschließenden Widerspruchsbogen!
- ▶ Bewahren Sie diese Widerspruchsbögen gut auf, notieren Sie sich die Namen derer, die der Datenübermittlung an die Eltern widersprochen haben.

Formular
Widerspruch gegen die Datenübermittlung an die Eltern

Gem. des hiesigen Schulgesetzes ist die Schule berechtigt, auch nach Eintritt Ihrer Volljährigkeit in folgenden Fällen Ihren Eltern Mitteilung zu machen über

- gegen Sie ausgesprochene Ordnungsmaßnahmen,
- die Beendigung Ihres Schulverhältnisses,
- ein Absinken Ihres Leistungsstandes, wenn dadurch der Abschluss Ihres Bildungsganges gefährdet erscheint.

Wir weisen Sie darauf hin, dass Sie das Recht haben, diesen Datenübermittlungen an Ihre Eltern **generell oder im Einzelfall zu widersprechen.** Dies bedeutet, dass eine Datenübermittlung über die o. g. Tatsachen nicht erfolgt. Im Fall Ihres Widerspruchs müssen wir Ihre Eltern hierüber informieren.

Ich, ______________________________

(Name der/des Schülerin/Schülers)

habe die obigen Ausführungen zur Kenntnis genommen. Ich widerspreche der Übermittlung an meine Eltern

O **generell.**

O **Ich nehme mein Widerspruchsrecht ggf. in Anspruch, falls die Schule eine Datenübermittlung an meine Eltern beabsichtigt. Ich werde in einem solchen Fall vor der geplanten Übermittlung entsprechend informiert.**

____

(Unterschrift des volljährigen Schülers)

3. Fall: Der kostenlose Schülerausweis vom Schulfotografen

Ein Schulfotograf, mit welchem die Schule bereits seit einigen Jahren erfolgreich zusammenarbeitet, ruft im Schulsekretariat an und schlägt nachfolgendes Geschäft vor: Wenn er die Schüler fotografieren und ihnen später ein sog. „Fotopackage", bestehend aus vier Portrait-, vier Pass- und 16 Kleinfotos sowie einem Klassenfoto, zum Kauf anbieten dürfte, bekäme die Schule für die Schüler kostenlos digitale Schülerausweise aus Plastik im Scheckkartenformat. Der Fotograf benötigt hierzu „lediglich" zunächst die Namen und Geburtsdaten der Schüler.

Aus der Sicht des Datenschutzes ist die Sache klar: **Die Schule darf die Schüler nur fotografieren lassen und deren Namen und Geburtsdatum an die Firma weitergeben, wenn diese oder ihre Eltern schriftlich ihr Einverständnis erklärt haben.** Weil nämlich das Ausstellen von Schülerausweisen zwar dem Schulverhältnis immanent ist, aber nicht unmittelbar zum Erziehungs- und Bildungsauftrag der Schule gehört, steht es dem einzelnen Schüler frei, ob er überhaupt einen Schülerausweis haben und sich zu diesem Zweck in der Schule fotografieren lassen will. Ein Recht der Schule, Schülerdaten ohne Einwilligung an Dritte für kommerzielle Zwecke – wie hier dem privatwirtschaftlich agierenden Unternehmer „Schulfotograf" weiterzugeben – gibt es nicht.

Zusammenfassung:
Die Weitergabe von Schülerdaten oder Daten von Eltern an Dritte für kommerzielle Zwecke ist unzulässig.

TIPP:

- Benutzen Sie nachfolgende Einwilligungserklärung der Eltern.
- Besprechen Sie mit Ihrem Schulleiter oder Ihrem Schulträger auch die Möglichkeit des Abschlusses eines Lizenzvertrags gegenüber dem Schulfotografen. Damit erhebt der Fotograf bei denjenigen Eltern, die es zugelassen haben, die Kinder fotografieren zu las-

sen, die Daten selbst. Eine Weitergabe der Schule direkt an den Fotografen kann hiermit umgangen werden.

Formular
Einwilligung in die Übermittlung an den Schulfotografen

In unserer Schule erlauben wir es einer Firma für Schulfotografie, Einzel- und Klassenfotos Ihrer Kinder zu erstellen. Die Teilnahme an diesen Fototerminen ist freiwillig und von Ihrer eigenen Entscheidung abhängig. Es handelt sich dabei nicht um eine schulische Veranstaltung. Falls die Firma die Klassenfotos mit den Vor- und Nachnamen Ihres Kindes versehen will, können diese Informationen vorab von der Schulverwaltung bereitgestellt werden. Die Übermittlung dieser Daten an den Schulfotografen darf jedoch nur mit Ihrer Einwilligung erfolgen.
Die Einwilligung ist freiwillig. Sie ist mit keinem anderen Sachverhalt verbunden. Die Nichterteilung der Einwilligung hat keine Bedeutung für die gesetz- und ordnungsgemäße Beschulung Ihres Kindes. Sie haben selbstverständlich das Recht, die Einwilligung jederzeit ohne Angabe von Gründen für die Zukunft zu widerrufen.

O **Ich willige ein**

O **Ich willige nicht ein**

____

Unterschrift der Eltern oder der/des volljährigen Schülerin oder Schülers

Weitere Hinweise zur Datenverarbeitung auf der Grundlage einer Einwilligung

1. Verantwortlicher gemäß Artikel 4 Nr. 7 der Verordnung (EU) 2016/679 ist [Bezeichnung, Name, Kontaktdaten der Schule]
2. Die/Der Datenschutzbeauftragte der Schule ist [Bezeichnung/Name, Kontaktdaten]

3. Im Fall des Widerrufs der Einwilligung bleibt die bis zu diesem Zeitpunkt auf der Grundlage der Einwilligung erfolgte Datenverarbeitung rechtmäßig.
4. Die Löschung der Daten erfolgt, wenn der Zweck für die Verarbeitung entfallen ist oder die Einwilligung als Grundlage der Datenverarbeitung widerrufen wird.
5. Zu der Verarbeitung der personenbezogenen Daten besteht bei Vorliegen der erforderlichen Voraussetzungen jeweils das Recht auf Auskunft, auf Berichtigung, Einschränkung der Verarbeitung, Löschung und ggf. auf Datenübertragbarkeit gemäß Artikel 15 bis 18 sowie gemäß Artikel 20 der Verordnung (EU) 2016/679.
6. Es besteht das Recht auf Beschwerde beim Landesbeauftragten für den Datenschutz: (Adresse des Landesdatenschutzbeauftragten einfügen!)

4. Fall: Das Verbandsbuch im Schulsekretariat

In einer kleinen Grundschule in Deutschland liegt im Schulsekretariat ein Verbandsbuch aus. Dort sollen alle in der Schule durchgeführten Erste-Hilfe-Maßnahmen unter Angabe des Namens, der Verletzung und weiterer Informationen erfasst werden – von Pflaster kleben bis zur Reanimation. Das Buch ist so ausgestaltet, dass die Angaben zu den jeweiligen Erste-Hilfe-Maßnahme zeilenweise untereinandergeschrieben werden. Bei Benutzung des Verbandbuchs und auch bei einer anlasslosen Einsichtnahme sind die vorherigen Eintragungen zu sehen, die teilweise schon Jahre zurückliegen.

Wo gehobelt wird, da fallen Späne und im schlimmsten Fall verletzt sich ein Schüler dabei. Diese Verletzungen bzw. die daraus resultierenden Erste-Hilfe-Leistungen sind nach § 24 Abs. 6 DGUV Vorschrift 1 **zu dokumentieren**. Wie aber kommt man der Dokumentationspflicht nach? Die DGUV (Deutsche Gesetzliche Unfallversicherung) hat anstelle des Verbandbuchs einen **Meldeblock** entwickelt, dessen Seiten einzeln abgetrennt werden können. Der unausgefüllte Block kann im Verbandkasten oder in dessen Nähe aufbewahrt werden. Wer die Dokumentation vornimmt, also die Seiten ausfüllt, ist nicht vorgeschrieben. Dies kann durch den Lehrer oder die Person erfolgen, die die Erste-Hilfe-Maßnahme durchführt, ggf. auch vom Betroffenen selbst. Anschließend sollte der ausgefüllte Meldezettel **zugriffsgeschützt** aufbewahrt werden.

Wer auf den Meldezettel Zugriff hat, sollte genau festgelegt werden. Zu denken ist hier an die Schulleitung oder den Sicherheitsbeauftragten der Schule. Die ausgefüllten Seiten sollten der zuständigen Person ausgehändigt oder in einen dafür bestimmten Briefkasten geworfen und anschließend in einen gesonderten Ordner oder in eine Akte eingefügt werden, in der die Dokumentation aller Erste-Hilfe-Leistungen gesammelt wird. Für diese besteht jeweils eine Aufbewahrungsfrist von fünf Jahren. Nach Ablauf dieser Frist muss die Dokumentation zerstört werden. Durch die Dokumentation auf einzelnen Seiten ist dies nun auch für jeden Einzelfall möglich. Dieser Meldeblock kann bei der DGUV bezogen werden.

Zusammenfassung:

- Das bisherige klassische „Verbandsbuch“ an Schulen ist nach den neuesten Datenschutzvorschriften nicht mehr zulässig.
- Der Meldeblock ersetzt das bisherige Verbandsbuch.
- Die Meldezettel müssen zugriffsgeschützt aufbewahrt werden.

5. Fall: Die Schulverwaltungskraft als Plappertante

Eine Schulsekretärin, selbst Mutter eines Schulkindes, trifft sich am Wochenende auf dem Fußballplatz mit anderen Müttern, deren Kinder ein Fußballturnier haben. Von Lehrern weiß sie, dass Schüler Kevin nicht versetzt werden soll und sagt, als Kevin ein Tor schießt, zu einer anderen Mutter: „Ach, der arme Kevin, ich habe über Umwege gehört, der wird ja gar nicht versetzt!"

Von der Beschäftigten, wird – wie von der Beamtin – ein erhöhtes Pflichtbewusstsein und ein vorbildliches gesetzestreues Verhalten gefordert, welches sich zum Teil über der Erwartungshaltung eines Durchschnittsstaatsbürgers orientiert. Die Anforderungen an diese Verhaltenspflicht werden zudem von der dienstlichen Funktion der Schulverwaltungskraft abhängig sein. Das Privatleben der Sekretärin berührt grundsätzlich das Arbeitsverhältnis nicht. Diese Trennung findet aber dort ihre Grenze, wo durch das außerdienstliche Verhalten das Ansehen der öffentlichen Einrichtung, wie der Schule, geschädigt wird.

Bestandteil der Treuepflicht der Beschäftigten ist die zum Dienstbeginn von der Schulverwaltungskraft unterschriebene Schweigepflicht. Diese Schweigepflicht gilt auch nach Beendigung des Arbeitsverhältnisses fort. Diese Pflicht erfasst alle dienstlichen Angelegenheiten, von denen die Angestellte Kenntnis hat. Absolute Zurückhaltung ist daher geboten. Die Verletzung der Schweigepflicht kann zur Beendigung des Arbeitsverhältnisses durch ordentliche oder fristlose Kündigung führen.

TIPP:

- Behalten Sie dienstliche Informationen für sich! Auch bei einem „Schulsekretariatsstammtisch", z. B. in einem öffentlichen Lokal, können Dritte mithören. Schüler- oder lehrerbezogenen Daten und Informationen, von denen Sie dienstlich Kenntnis erlangt haben, gehören in die Schule und auch bleiben auch in der Schule.
- Sollten Schüler bei Ihnen im Schulsekretariat „geparkt" werden und Sie müssen telefonieren, dann nehmen Sie sich die Dienstanweisung an Schulsachbearbeiter:innen einer deutschen Landeshauptstadt zur Hilfe: *„Wenn sich Schüler im Sekretariat befinden,*

die sich unwohl fühlen, sollte die Schulsekretärin ***keine Telefonate führen****, wenn mitgehört werden kann.“*
Geben Sie Ihrem Gesprächspartner stattdessen einen Hinweis, dass das Telefonieren derzeit nicht möglich ist, notieren Sie Ansprechpartner, Uhrzeit und Telefonnummer und rufen Sie nach der Entlassung des Kindes zurück.

6. Fall: Die Schulverwaltungskraft als Telefonzentrale

1. Fall: Die Schulsekretärin als Telefonzentrale
Ein typischer Tag im Schulsekretariat eines Gymnasiums einer deutschen Großstadt:
08:10 Uhr: Ein ***Mitarbeiter des Jugendamts*** *des örtlichen Schulträgers fragt die Schulsekretärin, ob die Schülerin Stephanie Meyer heute in der Schule sei (die Sekretärin hat zuvor die Schülerin Stephanie beim Betreten des Schulgeländes gesehen).*
08:30 Uhr: Der ***Richter des ortsansässigen Familiengerichts*** *fragt die Schulsekretärin, ob diese bestätigen könne, dass die Schülerin Jasmin Wagner von 2017–2019 die Schule besucht hat (die Schulsekretärin weiß natürlich bestens über die Schulbesuchszeiträume der Schüler Bescheid).*
08:55 Uhr: Der ***Schulpsychologe*** *der schulpsychologischen Beratungsstelle des Landkreises fragt an, wann der Schüler Kevin am Freitag „Schule aus" hätte. Er solle am Freitag in die Beratungsstelle kommen wegen des für ihn anstehenden Dyskalkulie-Tests.*
09:30 Uhr: Die Tür geht auf. Der ***ehemalige Schüler*** *Manfred erscheint. Er gibt an, Abi 1995 am Gymnasium gemacht zu haben und legt als Beweis sein Abiturzeugnis vor. Er bittet die Sekretärin um die Namen und Anschriften seiner damaligen Mitabiturienten. Darüber hinaus möchte er als Organisator des Klassentreffens Fotokopien aus deren ehemaligen Klassenbüchern.*
10:12 Uhr: Der ***Pfarrer*** *des protestantischen Pfarramtes ruft im Schulsekretariat an und bittet um eine Klassenliste der aktuellen Siebtklässler, versehen mit einem Kreuzchen bei den Kindern, die evangelisch sind. Er benötigt zusätzlich noch die Adressen der evangelischen Eltern der Siebtklässler, da er diese zum Vorbereitungsabend Konfirmation einladen möchte. „Bitte alles per Fax ans Pfarramt!"*
10:30 Uhr: Der Leiter einer Gruppe des „betreuten Wohnens" des ortsansässigen AWO-Kinderheims (eine ***Einrichtung der Kinder- und Jugendhilfe****) ruft im Sekretariat an, und fragt nach, ob die Schülerin Ann-Sophie heute in der Schule sei.*

12.45 Uhr: Der Vater eines Schuljungen sagt am Telefon, er solle heute seinen Sohn Marius abholen, der mit den Eltern von Lasse Schmidt zu Schmidts gefahren sei, da Lasse und Marius zusammen für die am nächsten Tag anstehende Lateinarbeit lernen wollen. Der Vater von Marius teilt der Schulsekretärin mit, dass er „überhaupt nicht wisse", wo Schmidts ***(andere Eltern)*** *wohnen und bittet um die Adresse der Familie des Schulkameraden Lasse Schmidt.*
13:20 Uhr: Ein Schüler wirft eine mit Plakatfarbe versehene „Wasserbombe" aus dem Klassenzimmer und trifft einen Passanten. Dieser Passant ***(offensichtlich durch Schüler geschädigte Person)*** *erscheint mit einem völlig befleckten Mantel im Schulsekretariat und möchte von der Schulsekretärin die Personalien des betreffenden Schülers erfahren, um Schadensersatzansprüche geltend machen zu können.*
14:05 Uhr: Der Vorstand des Tennisclubs „Rot-Weiß" ***(Sportverein)*** *lädt zum Familiennachmittag ein und benötigt hierzu die Namen und Anschriften aller Eltern.*
15:00 Uhr: Kurz vor Dienstschluss bittet die ortsansässige ***Stadtsparkasse****, die Schülerzahl der neuen Fünftklässler mitzuteilen.*

Generell gilt: Falls Schüler oder Eltern nicht einwilligen, ist die **Weitergabe von folgenden Daten unzulässig:**
- Namen und Adressen von Schülern (oder deren Eltern) an Banken, Sparkassen und Versicherungen;
- Daten eines Schülers an die Erziehungsberechtigten eines anderen Schülers (Achtung: hier gibt es eine nachstehende Ausnahme!);
- ebenso auch: öffentliche Aushänge über Nachprüfungstermine bei schwachen Schülern.

An **außerschulische öffentliche Stellen** dürfen Daten nur herausgegeben werden, wenn
- dies zur Erfüllung der gesetzlichen Aufgaben dieser Stellen erforderlich ist oder
- wenn ein Rechtsanspruch auf Übermittlung der Daten besteht.

Beispiel: § 4 Landesdatenschutzgesetz Baden-Württemberg (Zulässigkeit der Verarbeitung personenbezogener Daten)
„Die Verarbeitung personenbezogener Daten ist unbeschadet sonstiger Bestimmungen zulässig, wenn sie zur Erfüllung der in der Zuständigkeit der öffentlichen Stelle liegenden Aufgabe oder in Ausübung öffentlicher Gewalt, die der öffentlichen Stelle übertragen wurde, erforderlich ist".

Besonders diskret sind Gesundheitsdaten zu behandeln, denn diese unterliegen zum einen der ärztlichen Schweigepflicht, zum anderen aber werden sie, wenn sie in der Schule gesammelt werden, durch den Datenschutz noch einmal geschützt.

Entsprechend den Anforderungen der unterschiedlichen Schulformen ist die **Speicherung** von nachfolgenden Daten **zulässig**:

- allgemeine Daten des Schülers wie Name, Vorname, Adresse, Geschlecht, Geburtsdatum, Geburtsort, Staatsangehörigkeit, Religion, Muttersprache;
- schulische Daten wie Eintritt in die Schule, Klasse, Überspringungen oder Wiederholungen von Klassen, Unterrichtsversäumnisse und -befreiungen, Erziehungs- und Ordnungsmaßnahmen, Schulwechsel;
- Leistungs- und Prüfungsdaten wie Noten, Punktzahl, Zeitpunkt und Ergebnis von Prüfungen und Versetzungskonferenzen.

Auch die Daten der Erziehungsberechtigten dürfen gespeichert werden.
Zulässig ist ferner die **Weitergabe** von Daten

- zu schulstatistischen Zwecken an die Schulaufsicht,
- an Jugend- oder Gesundheitsamt,
- an andere Schulen desselben Schulträgers,
- an sonstige Behörden,
- an Einrichtungen der Kinder- und Jugendhilfe,
- an die Polizei.

TIPP:

► Sie können nicht alle Mitarbeiter des Schulträgers, jeden Richter des Amtsgerichts, jeden Polizisten persönlich kennen. Vereinbaren Sie daher Rückruftermine und lassen Ihren Schulleiter dort zurückrufen.

- Bei kleineren Anfragen, die Sie als Schulverwaltungskraft selbst beantworten können, verfahren Sie ähnlich. Beispiel: Ein vermeintlicher Mitarbeiter des Jugendamts Ihres Schulträgers möchte eine Auskunft. Sagen Sie diesem: „Moment, ich rufe Sie gleich zurück.“ Rufen Sie dann die zentrale Nummer Ihres Trägers an und lassen Sie sich mit dem Fachbereich Jugend verbinden und fragen dort noch einmal nach dem zuständigen Mitarbeiter. So können Sie nachweisen, dass der vermeintliche Anrufer auch tatsächlich berechtigt ist, Auskünfte von Ihnen einzuholen.
- Wenn Sie sich unsicher darüber sind, wem Sie etwas weitergeben dürfen, tragen Sie auch hier Ihre Bedenken unter Zeugen der Schulleitung vor und lassen Sie diese dann entscheiden.

Etwas weiter oben wurde von einer Ausnahme berichtet bezüglich der Datenweitergabe an die Eltern eines Mitschülers. Dort steht, die Schule dürfe grundsätzlich nicht die Daten eines Schülers an die Eltern eines Mitschülers herausgeben. Dabei gibt es allerdings eine wichtige Ausnahme: wenn ein Schüler einen anderen schädigt und sich weigert, seinen Namen bzw. die Adresse seiner Eltern auszugeben. In diesem Fall würde der Datenschutz die **Wahrnehmung berechtigter Interessen** verhindern. Damit die Eltern eines Schülers ihre Forderung überhaupt geltend machen können, darf die Schule die Adresse des Schülers bzw. seiner Eltern bekannt geben. Ebenfalls stellt es keine Verletzung des Datenschutzes dar, wenn kriminelle Delikte an die Strafverfolgungsbehörden (Staatsanwaltschaft, Polizei) weitergegeben werden, wie es auch mittlerweile in fast allen Bundesländern über eine klare Rechtsverordnung vorgeschrieben ist. Ebenso ist es auch bei dem vorhin angeführten Fall: Ein Schüler wirft eine „Wasserbombe“ aus dem Klassenzimmer und trifft einen Passanten. Dieser möchte von der Schule die Personalien des betreffenden Schülers erfahren, um Schadensersatzansprüche geltend machen zu können. Hier besteht ein **rechtliches Interesse** einer Privatperson an der Datenübermittlung.

Ebenso darf die **Polizei** nach den §§ 161, 163 StPO Auskünfte verlangen. Diese müssen aber **grundsätzlich durch die Schulleitung erfolgen.** Im Zweifel soll die Schulleitung zuvor Rücksprache mit dem Dienstvorgesetzten halten. **Lehrer dürfen grundsätzlich gar keine**

Auskünfte an die Polizei geben, es sei denn, es liegt eine vorherige **Ermächtigung** hierzu durch die Schulleitung vor. Gleiches gilt selbstverständlich für das Sekretariat, wenn es auch direkt der Schulleitung untersteht und ihr zuarbeitet.

Das **Überlassen von Klassenbüchern** zwecks Anfertigung von Kopien oder zum Auslegen bei Jubiläen zur Erinnerung an bedeutsame Ereignisse aus der Schulzeit wird von Organisatoren von **Klassentreffen** bei den Schulen immer wieder angefordert. Bei der Einsichtnahme in ein Klassenbuch würde der betreffende Personenkreis jedoch nicht nur Kenntnis von den eigenen Noten, Beurteilungen, Fehlmeldungen und Anmerkungen erhalten, sondern auch von denen seiner ehemaligen Mitschüler. Eine Übermittlung dieser Daten an private Dritte ist nach den datenschutzrechtlichen Regelungen nur dann zulässig, wenn es zur Aufgabenerfüllung der öffentlichen Stelle gehört und zudem den Grundsatz der Erforderlichkeit und der Zweckbindung erfüllt.

Da es nicht zur Aufgabenerfüllung der Schule gehört, Klassentreffen vorzubereiten, und die Klassenbücher auch nicht zum Zwecke der Ausgestaltung von Klassentreffen angelegt werden, ist es der Schule ergo datenschutzrechtlich nicht erlaubt, die Klassenbücher Interessenten zur Verfügung zu stellen. Die Schule müsste zuvor, wenn man das Bereitstellen eines Klassenbuchs für Jubiläen als berechtigtes Interesse unterstellt, jeden im Klassenbuch genannten ehemaligen Schüler anschreiben und die schriftliche Einwilligung zur Veröffentlichung seiner Daten einholen.

Zudem müsste sie die Betroffenen darüber belehren, welche möglichen Auswirkungen die Bekanntgabe ihrer persönlichen Daten haben kann und dass sie ihr Einverständnis jederzeit widerrufen können. Das ist in der Regel durch eine Schule nicht zu leisten und wird von dieser deshalb abzulehnen sein.

Der **Schulpsychologische Dienst** bietet kostenfrei und vertraulich psychologische Beratung für Pädagogen, Eltern sowie Schüler aller staatlichen Schulen. Grundsätzlich entscheidet der Klient, welche seiner personenbezogenen Daten er für die Beratung zur Verfügung stellt. Eine schulpsychologische Beratung basiert **immer auf der Einwilligung der Eltern oder des Schülers**. Ohne die ausdrückliche Einwilligung gibt der psychologische Berater keine Daten an Dritte weiter oder fragt nach personenbezogenen Daten. Dies darf nur nach der schriftlichen Schweigepflichtsentbindung erfolgen.

Zu den **Mitarbeitern von Kinderheimen/Wohngruppen und Vormundschaft:**

Wenn ein Schüler in die Schule geht, kann der Lehrer in seinem verhältnismäßigen Rahmen bestimmen, was der Schüler dort machen soll (ob er z. B. lesen oder rechnen soll), obwohl immer noch die Eltern für die Erziehung des Schülers zuständig sind. So ähnlich ist es – vereinfacht erklärt – auch mit dem Vormund. Das Gesetz sagt, dass die **Betreuer im Heim oder Pflegeeltern** über die **Angelegenheiten des täglichen Lebens** entscheiden dürfen (§ 1688 BGB): wann z. B. Hausaufgaben gemacht werden müssen, wann der Schüler wieder im Haus sein soll oder ob jemand noch länger „draußen" bleiben oder in die Disco gehen darf. Der Betreuer der Wohngruppe oder im Heim muss selbstverständlich auch die Schule fragen dürfen, ob ein Kind anwesend war oder nicht. Dies ist datenschutzrechtlich zulässig.

Unabhängig davon bleibt der **Vormund** für den Schüler verantwortlich und entscheidet deshalb bei allem, was das Leben des Schülers **grundsätzlich betrifft und wichtig ist (Angelegenheiten von erheblicher Bedeutung – § 1687 BGB –)**. Er sorgt z. B. dafür, dass der Schüler in einem Heim, bei einer Pflegefamilie oder in einer betreuten Wohnung/Wohngruppe ein Zuhause findet und er bestimmt, welche Schule der Schüler besucht. Er unterschreibt bspw. auch einen Ausbildungsvertrag oder eine Einwilligung zur Operation. Datenschutzrechtlich ist der Vormund wie die Eltern zu behandeln.

Als Hilfe hierzu kann nachfolgende Sorgerechtserklärung dienen, die in vielen Schulen praktische Anwendung findet:

Formular Sorgerechtserklärung

XY Schule
Schulstraße 25
00000 Musterstadt

Das Sorgerecht meines/unseres/des* Kindes

____

(Name, Vorname)
geboren am ______________ ist wie folgt geregelt:
[ ] wir ______________________________
(Name, Vorname beider sorgeberechtigten Elternteile)
sind gemeinsam sorgeberechtigt. (Bei unverheirateten Partnern mit gemeinsamen Kindern trifft dies nur zu, wenn durch den Kindsvater eine Sorgeerklärung (Jugendamt/Notar) abgegeben wurde.)

[ ] **ich** ______________________ **bin allein sorgeberechtigt.**
(Name, Vorname des sorgeberechtigten Elternteils)

[ ] **ich** ______________ **habe die Vormundschaft für das o. g. Kind.**
(Name, Vorname Vormund)

Bei alleinigem Sorgerecht und Vormundschaft ist dies durch Vorlage eines geeigneten Dokumentes in der Schule nachzuweisen! (Gerichtsurteil, Negativbescheinigung Jugendamt usw.)

Art des Nachweises:	
Einsicht der Schule erhalten am ... (Datum)	Unterschrift Aufnehmender der Schule

XY Schule
Schulstraße 25
00000 Musterstadt

Folgende Hinweise sind zu beachten:
Das Sorgerecht ist im Bürgerlichen Gesetzbuch (BGB) geregelt. Es unterscheidet verschiedene Gruppen von Sorgeberechtigten. Die häufigsten Konstellationen – mit Konsequenzen für die Befugnis, Daten des Kindes an diese Person weiterzugeben – sind:

a. **Zusammenlebende Eltern:** Gemeinsames Sorgerecht (§ 1626 BGB) = Mitteilung von Daten an beide Elternteile grundsätzlich zulässig.

b. **Dauernd getrennt lebende Eltern:** Grundsätzlich gemeinsames Sorgerecht, es sei denn, gerichtlich ist etwas anderes geregelt (§ 1671 BGB) = Mitteilung grundsätzlich an beide Elternteile zulässig, aber bei gerichtlicher anderer Entscheidung, Übermittlung nur an den festgelegten Sorgeberechtigten. Weiterhin ist auch zu beachten, dass der Elternteil, bei dem das Kind lebt, gemäß § 1686 BGB zivilrechtlich verpflichtet ist, den anderen Elternteil zu informieren und Einverständnisse einzuholen. Daher kontaktiert die Schule nur denjenigen Elternteil, bei dem das Kind seinen gewöhnlichen Aufenthalt hat. Hält sich das Kind zu gleichen Teilen bei den sorgeberechtigten Eltern auf, wird der Elternteil informiert, bei dem das Kind an diesem Tag seinen Aufenthalt hat.

c. **Lebensgemeinschaften:** Unverheiratete Partner mit gemeinsamen Kindern (§ 1626 a BGB), Übermittlung nur an einen Sorgeberechtigten, außer bei Abgabe einer Sorgerechtserklärung, dann ist eine Übermittlung an beide Sorgeberechtigten möglich.

Die Unterschriften aller Sorgeberechtigten sind zwingend erforderlich bei allen Angelegenheiten und Entscheidungen mit erheblicher Bedeutung:
An- und Abmeldung an einer Schule, Teilnahme am Religions- oder Ethikunterricht, Einlegen eines Widerspruchs, Zurückstellung vom Schulbesuch, Ordnungsmaßnahmen, freiwillige Wiederholung einer

Klasse, für Bildungsgang und Abschluss bedeutsame Fächer- und Kurswahl.

Im Falle einer Bevollmächtigung ist zu beachten:
Die Erteilung von Vollmachten durch die Sorgeberechtigten an Großeltern, Verwandte, Lebenspartner, Stiefväter, Stiefmütter usw. in einem Vertretungsfall, ermächtigt den Vertreter nicht zur Ausübung des Sorgerechts und Entscheidungen von erheblicher Bedeutung (s. o.). Ein Bevollmächtigter kann aber alle Angelegenheiten des täglichen Lebens regeln. (Informationen zum Leistungsstand und Verhalten des Kindes einholen, bei Elternversammlungen wählen und gewählt werden, das Fehlen des Kindes entschuldigen, Beurlaubungsanträge stellen).

Die Eltern sind verpflichtet, Veränderungen bezüglich der elterlichen Sorge schriftlich durch Nachweise (z. B. Gerichtsbeschluss o. ä.) der Schule mitzuteilen.

Mit meiner/unserer Unterschrift bestätige ich/bestätigen wir die Richtigkeit der angegebenen Daten zur Sorgeberechtigung. Die obenstehenden Hinweise habe ich/haben wir gelesen.

____________________	____________________
Sorgeberechtigte Mutter	Sorgeberechtigter Vater

Zusammenfassung zur Datenweitergabe:

Datenweitergabe INNERHALB des öffentlichen Bereichs	
Andere öffentliche Schulen	JA, **ohne Einwilligung** des Betroffenen zur Erfüllung der Aufgaben der Schule oder des Empfängers erforderlich.
Schulaufsichtsbehörden	JA, **ohne Einwilligung** des Betroffenen zur Erfüllung der Aufgaben der Schule oder des Empfängers erforderlich.
Gesundheitsämter	JA, **ohne Einwilligung** des Betroffenen zur Erfüllung der Aufgaben der Schule oder des Empfängers erforderlich.
Zuständige öffentliche Archive	JA, **ohne Einwilligung** des Betroffenen zur Erfüllung der Aufgaben der Schule oder des Empfängers erforderlich.
Stellen der Berufsausbildung	JA, **ohne Einwilligung** des Betroffenen zur Erfüllung der Aufgaben der Schule oder des Empfängers erforderlich.
Arbeitsämter	JA, **ohne Einwilligung** des Betroffenen zur Erfüllung der Aufgaben der Schule oder des Empfängers erforderlich.
Ausländerämter	JA, **ohne Einwilligung** des Betroffenen zur Erfüllung der Aufgaben der Schule oder des Empfängers erforderlich.
Schulträger	JA, **ohne Einwilligung** des Betroffenen zur Erfüllung der Aufgaben der Schule oder des Empfängers erforderlich.
Jugendämter	JA, **ohne Einwilligung** des Betroffenen zur Erfüllung der Aufgaben der Schule oder des Empfängers erforderlich.
Sozialämter	JA, **ohne Einwilligung** des Betroffenen zur Erfüllung der Aufgaben der Schule oder des Empfängers erforderlich.
Ämter für Ausbildungsförderung	JA, **ohne Einwilligung** des Betroffenen zur Erfüllung der Aufgaben der Schule oder des Empfängers erforderlich.

Datenweitergabe INNERHALB des öffentlichen Bereichs	
Gerichte	JA, **ohne Einwilligung** des Betroffenen zur Erfüllung der Aufgaben der Schule oder des Empfängers erforderlich.
Schulpsychologe	**NEIN, nur mit Einwilligung des Betroffenen bzw. der Eltern.**
Gesetzlicher Vormund	JA, **ohne Einwilligung** des Betroffenen zur Erfüllung der Aufgaben der Schule oder des Empfängers erforderlich: **Nachweis erforderlich.**
Weitere Behörden	JA, **ohne Einwilligung** des Betroffenen zur Erfüllung der Aufgaben der Schule oder des Empfängers erforderlich.
Offensichtlich durch Schüler geschädigte Personen	**JA, zur Wahrnehmung berechtigter Interessen des Geschädigten.**
Polizei	JA, **ohne Einwilligung** des Betroffenen zur Erfüllung der Aufgaben der Schule oder des Empfängers erforderlich.
Staatsanwaltschaft	JA, **ohne Einwilligung** des Betroffenen zur Erfüllung der Aufgaben der Schule oder des Empfängers erforderlich.
Einrichtungen der Kinder -und Jugendhilfe	JA, **ohne Einwilligung** des Betroffenen zur Erfüllung der Aufgaben der Schule oder des Empfängers erforderlich.

Datenweitergabe AUSSERHALB des öffentlichen Bereichs	
Erziehungsberechtig-tenvertretung (Eltern-beirat)	Nur mit Einwilligung.
Mitverantwortliche der Berufserziehung	JA, **ohne Einwilligung** des Betroffenen zur Erfüllung der Aufgaben der Schule oder des Empfängers erforderlich.
Schulfotograf	Unzulässig. Nur mit Einwilligung.
Kirchen/Glaubensge-meinschaften	Unzulässig. Nur mit Einwilligung. **AUSNAH-ME:** Baden-Württemberg: *„Eine Übermittlung personenbezogener Daten der Schülerinnen und Schüler und deren Erziehungsberechtigten an die* ***katholische oder evangelische Kirche ist anlässlich der Kommunion oder Konfir-mation sowie zur Erfüllung weiterer Aufgaben dieser Kirchen ohne Einwilligung der Be-troffenen zulässig.*** *Eine Datenübermittlung von personenbezogenen Daten* ***an weitere Religi-ons- oder Weltanschauungsgemeinschaften ist nur mit Einwilligung*** *der Betroffenen zulässig. Die Schulen haben gemäß der Verwaltungsvor-schrift die Übermittlungen zu dokumentieren, so dass darüber Auskunft erteilt werden kann.“*
Name, Anschrift, Telefonnummer von Lehrkräften	Unzulässig. Nur mit Einwilligung.
Andere Eltern	Unzulässig. Nur mit Einwilligung.
Datenübermittlung an Eltern volljähriger Schüler	Je nach Bundesland unterschiedlich.

Datenweitergabe AUSSERHALB des öffentlichen Bereichs	
Daten von Vorsitzenden des Elternbeirats bzw. des Schülersprechers an Stellen außerhalb der Schule	Ja, allerdings nur mit deren Einwilligung. Bei den Vorsitzenden des Elternbeirats und den Schülersprechern handelt es sich um sog. Funktionsträger, die ein öffentliches Ehrenamt innehaben. Deren Namen und Funktion dürfen nach außen kommuniziert, also z. B. auf der Homepage der Schule eingestellt werden. Genannt werden dürfen deren Namen und die Funktion, sofern der Betroffene eingewilligt hat. Sollen weitere Daten genannt werden, wie z. B. Kontaktdaten oder Fotos, so darf das auch nur nach vorheriger schriftlicher Einwilligung der Betroffenen erfolgen. Name und Funktion von Klassensprechern oder Klassenelternvertretern dürfen aber nicht kommuniziert werden, da diese nicht die Schule nach außen vertreten und nur im Schulinnenverhältnis aktiv sind.
Förderverein(e)	Die Fördervereine sind auf neue Mitglieder angewiesen und möchten deshalb von den Schulleitungen eine Liste der jährlich neu hinzukommenden Erziehungsberechtigten haben. Dies ist datenschutzrechtlich jedoch nur zulässig, sofern die **Erziehungsberechtigten vorher schriftlich hierzu eingewilligt** haben. Bei Fördervereinen handelt es sich um Stellen außerhalb des öffentlichen Bereichs. Um eine personenbezogene Datenübermittlung zu vermeiden, kann die öffentliche Schule mit dem Förderverein vereinbaren, dass den Erziehungsberechtigten bei der Aufnahme von Schülerinnen und Schülern in die öffentliche Schule entsprechendes Informationsmaterial und Beitrittserklärungen des Fördervereins ausgehändigt werden.
Sparkassen, Banken, Krankenversicherungen, Sportvereine	**Nicht zulässig,** da Ziel selbiger Einrichtungen: Beitritt des Schülers, Wahrnehmung von Dienstleistungen etc.

7. Fall: Werbung in der Schule

In einem Schulsekretariat erscheint eines Morgens der Vertreter eines großen Zahnpastaherstellers. Er hat Plakate dabei, auf denen auf die Wichtigkeit des Zähneputzens aufmerksam gemacht wird. Größer als die richtige Anleitung zum Zähneputzen ist jedoch der Name des Herstellers grafisch dargestellt. Einen Tag später erscheint die Mitarbeiterin der städtischen Stadtbibliothek und möchte ein Poster aufhängen, auf welchem auf eine „Lesenacht" hingewiesen wird. Am Telefon macht ein Frühstückscerealienanbieter auf einen Schüler-Wettbewerb aufmerksam. Zeitgleich bittet der Veranstalter eines durchreisenden Zirkus die Sekretärin, auf dem Tresen Freikarten für Eltern auslegen zu dürfen. Diese Freikarten gelten nur in Verbindung mit einer kostenpflichtig zu erwerbenden Eintrittskarte für Kinder.

Um die tägliche Bildungs- und Erziehungsarbeit möglichst frei von äußeren Einflüssen gestalten zu können und um die Gefahr einer unzulässigen wirtschaftlichen Begünstigung zu verhindern, ist in der Schule **jede wirtschaftliche Werbung verboten.** Unter Werbung ist jede gedruckte, schriftliche, mündliche oder bildliche Mitteilung zu verstehen, die z. B. zur Beteiligung an Aktionen, zum Besuch von Veranstaltungen, zum Erwerb von Waren, zur Mitgliedschaft oder zur Nutzung von Dienstleistungen auffordert. Der Werbecharakter ist ebenfalls gegeben, wenn in Mitteilungen auf einen bestimmten Gegenstand aufmerksam gemacht wird oder die Vorzüge bestimmter Artikel bzw. Dienstleistungen beschrieben werden. Auch jede ideelle Werbung aus Kunst, Religion, Politik und dergleichen wird grundsätzlich von diesem Werbeverbot erfasst.

Auf Veranstaltungen, die geeignet sind, den **Erziehungs- und Bildungsauftrag der Schule** wesentlich zu fördern und nicht einseitigen Zwecken zu dienen, kann durch Plakate oder sonstige Druckwerke hingewiesen werden. Wie dies geschehen darf, bestimmt der Schulleiter vor Ort.

Zulässig sind demnach folgende Werbungen in der Schule:
- Informationen im Rahmen der Suchtprophylaxe (Bsp.: Plakat der Bundeszentrale für gesundheitliche Aufklärung: Skelett mit Whisky-Flasche: „Schluck für Schluck kommt man sich näher" etc.).
- Informationen des Arbeitsamts, der Arbeitgeber- und Arbeitnehmerverbände, der Kammern (IHK, HK etc.) sowie der Berufsverbände zur Berufswahl und zur außerschulischen Aus- und Weiterbildung (Bsp.: „Summercamp" des Verbands Deutscher Ingenieure etc.).
- Hinweise auf Schülerwettbewerbe, die unmittelbar schulischen Zwecken dienen (Bsp.: „Jugend forscht", „Jugend trainiert für Olympia", „Henri-Nannen-Jugendpreis für Schülerzeitungen", Vorlesewettbewerbe etc.).
- Materialien der Träger der gesetzlichen Schülerunfallversicherung.
- Hinweise auf Jugendzeitschriften, die altersgemäß gestaltet sind, einen vertiefenden Informations- und Bildungswert haben, Anregungen zur Freizeitgestaltung vermitteln und sich hierdurch deutlich von der kommerziellen Jugendpresse abheben.

Unzulässig sind dagegen z. B. folgende Werbungen:
- Parteienwerbung, die Werbung von Vereinen oder Verbänden mit dem Ziel des Beitritts der Schüler,
- Weitergabe von Stundenplänen mit Werbeaufdruck, Aufhängen von Werbepostern in Klassenräumen,
- Infoveranstaltungen von privaten und gesetzlichen Krankenkassen mit dem Ziel der Mitgliederwerbung,
- jede kommerzielle Werbung.

Von dem Werbeverbot sind in der Regel **Schülerzeitungen ausgenommen.**

Vorsicht ist aus datenschutzrechtlichen Gründen auch bei **Wettbewerben** geboten: Viele Wettbewerbe, die von Unternehmen der Privatwirtschaft an die Schule herangetragen werden, haben oft einen Vorwandscharakter. Sie verfolgen nämlich oftmals nur ein Ziel: An Namen und Adressen von Schülern oder Eltern zu kommen. Da solche Daten auf dem freien Markt sehr rentabel gehandelt werden, ist der mögliche Gewinn für wenige Schüler oder einer Klasse nur ein vergleichsweise sehr geringer Preis, den das Unternehmen zahlt. Daran sollte die Schule denken, wenn es darum geht, mit Schülern oder Schulklassen an irgendwelchen Wettbewerben teilzunehmen.

TIPP:

- ▶ Gehen Sie zur Vertiefung der datenschutzrechtlichen Fragen nachfolgende Checkliste zusammen mit Ihrem Schulleitungsteam/ Datenschutzbeauftragten an Ihrer Schule (falls vorhanden) durch.
- ▶ Nehmen Sie hierzu Ihr Schulgesetz, die Datenschutzgrundverordnung und die Datenschutzverordnung Ihres Bundeslandes zu Hilfe.
- ▶ Drucken Sie sich die Tabellen Datenweitergabe aus dem 6. Fall aus und hängen Sie sich diese in Reichweite Ihres Telefons, dann sind Sie stets auf der rechtlich sicheren Seite.
- ▶ Benutzen Sie den „ergänzenden Aufnahmebogen“, der datenschutzrechtliche Fragen der Schule gegenüber den Eltern – zumindest im Groben – klärt.

Überprüfungsfragen für das Schulsekretariat und Schulleitungsteam zum Datenschutz und zur Datenweitergabe:

Nr.	Problemstellung	Zulässig	Nicht zulässig	Mit Einschr.
1.	Die Klassenlehrerin händigt der Klassenelternschaft – ohne deren vorherige Einwilligung – zu Beginn des neuen Schuljahres eine Adressenliste der Schülerinnen und Schüler der Klasse aus.			
2.	Die Klassenelternschaft erhält eine Liste der privaten Telefonnummern der in der Klasse unterrichtenden Lehrkräfte.			

Nr.	Problemstellung	Zulässig	Nicht zulässig	Mit Einschr.
3.	Die Vertretungspläne und Anwesenheitslisten der Lehrkräfte werden im öffentlich zugängigen Eingangsbereich der Schule ausgehängt, damit jeder Interessierte sich einen Überblick verschaffen kann.			
4.	Die Krankmeldungen der Lehrer werden am Schwarzen Brett im Schulsekretariat ausgehängt.			
5.	Eltern können jederzeit am Unterricht ihrer Kinder teilnehmen (sog. Hospitieren).			
6.	Wenn ein Schüler dies beantragt, erhält er Einsicht in seine Schülerakte.			
7.	Die Schüler erhalten Einsicht in ihre Abschlussarbeiten.			
8.	Fotos für Schülerausweise werden durch eine Fotoagentur in der Schule erstellt. Eine Einwilligung der Betroffenen bzw. der Erziehungsberechtigten wird dafür nicht eingeholt, da schon seit Jahren mit dieser Agentur erfolgreich zusammengearbeitet wird.			
9.	Zum Schuljahresende werden die Noten der Schüler von der Berufsschule an deren Ausbildungsbetriebe weitergegeben.			
10.	Die weiterführenden Schulen berichten den Grundschulen über den Lernerfolg der Schüler.			
11.	Bei einem Schulwechsel werden nur Name, Anschrift und Geburtsdatum der Schüler von der alten Schule an die neue Schule übermittelt.			
12.	Die Zuckerkrankheit einer Schülerin wird dem gesamten Kollegium mitgeteilt.			
13.	Das Kollegium wird informiert, dass der Vater von Erika Berger, Klasse 9 f, seinen Job verloren hat und die Familie daher auf Sozialleistungen angewiesen ist.			

Nr.	Problemstellung	Zulässig	Nicht zulässig	Mit Einschr.
14.	Der Großvater eines Schülers wird über die schulischen Leistungen informiert.			
15.	Wenn das Jugendamt im Schulsekretariat anruft, habe ich das zu glauben und gebe diesem Anrufer jederzeit Informationen, die er haben möchte.			
16.	Der Zirkus darf jederzeit Freikarten der Eltern im Sekretariat auf dem Tresen auslegen. Der Zirkus dient der Bildung von Schülern der Schule.			
17.	Der Schulpsychologe ist ein Beamter. Daher erhält er von der Schulverwaltungskraft jederzeit Auskünfte – auch am Telefon, da man Behördenmitarbeitern jederzeit Auskunft geben darf und muss.			
18.	Die Sparkasse fragt am Telefon nach, wie viele Schüler aktuell die 1. Klasse besuchen.			
19.	Wir benutzen im Sekretariat seit Jahren das klassische Verbandsbuch. Dort tragen wir alle Verletzungen von Schülern chronologisch hintereinander aufgelistet ein.			
20.	Der Polizei und der Staatsanwaltschaft darf ich am Telefon Auskünfte geben, wenn ich nachweisen kann (z.. B. durch einen Rückruf), dass diese Anrufer auch tatsächlich Mitarbeiter der Polizei oder der Staatsanwaltschaft sind.			

Formular Ergänzung zum Aufnahmebogen

Einverständniserklärungen der/des Erziehungsberechtigten:
Bitte Nichtzutreffendes streichen!

Name des Kindes: ____________________

1. Ich bin damit einverstanden/nicht einverstanden, dass bei Aufnahme meines Kindes an der Grundschule seine **Anschrift und Telefonnummer in der Klassenliste** für die Klassenkameraden/-kameradinnen veröffentlicht wird.
   ____________, den ____________ ____________________
   (Unterschrift des/der Erziehungsberechtigten)

2. Ich bin damit einverstanden/nicht einverstanden, dass bei Aufnahme meines Kindes an der Grundschule **Fotos/Bilder, die im Schulalltag und bei schulischen Veranstaltungen erstellt werden, für nichtkommerzielle Zwecke der Schule** (z. B. Schulchronik, Jahresberichte etc.) verwendet werden dürfen.
   ____________, den ____________ ____________________
   (Unterschrift des/der Erziehungsberechtigten)

3. Ich bin damit einverstanden/nicht einverstanden, dass bei Aufnahme meines Kindes an der Grundschule **Fotos/Bilder, die im Schulalltag und bei schulischen Veranstaltungen erstellt werden,** für **Presseveröffentlichungen** verwendet werden dürfen. Die Fotos, ggf. mit Angabe des Vor- und Zunamens, würden in der örtlichen Presse veröffentlicht werden.
   ____________, den ____________ ____________________
   (Unterschrift des/der Erziehungsberechtigten)

4. Ich bin damit einverstanden/nicht einverstanden, dass **besondere Leistungen meines Kindes unter Namensnennung (nur Vorname)** auf der Homepage gewürdigt werden dürfen.
   ____________, den ____________ ____________________
   (Unterschrift des/der Erziehungsberechtigten)

5. Wir möchten auf der **schuleigenen Homepage gerne Fotos von den Aktivitäten unserer Schule** (insbesondere Tage der offenen Tür, Schulfeste, Ausflüge, Projekte, Schulaufführungen) einstellen, um unseren Internetauftritt mit Leben zu füllen. Auf diesen Fotos kann es sein, dass auch Ihr Kind erscheint. Mit dieser Veröffentlichung bin ich einverstanden.

   __________, den __________ ______________________________

   (Unterschrift des/der Erziehungsberechtigten)

6. Ich bin damit einverstanden/nicht einverstanden, dass Texte oder Bilder/Werkstücke meines Kindes in der Schule veröffentlicht/ausgestellt werden dürfen.

   __________, den __________ ______________________________

   (Unterschrift des/der Erziehungsberechtigten)

7. Falls **keine verantwortliche Person zu erreichen ist:** Ich bin damit einverstanden, dass mein Kind bei plötzlich auftretender Erkrankung, Verschlimmerung einer Erkrankung oder dem Verdacht einer Erkrankung auf Veranlassung der Schule nach Hause bzw. zu einer Behandlung mit einem dafür beauftragten Transportfahrzeug (z. B. Taxi) befördert wird. Die entstehenden Fahrtkosten werden von mir/uns getragen. (Diese Einverständniserklärung bezieht sich selbstverständlich nicht auf die im Zusammenhang mit einem Schulunfall stehenden Beförderungsfälle, für die der GUV aufkommt).

   __________, den __________ ______________________________

   (Unterschrift des/der Erziehungsberechtigten)

8. Das Merkblatt **„Belehrung für Eltern und sonstige Sorgeberechtigte gemäß § 34 Abs. 5 Infektionsschutzgesetz“** wurde mir ausgehändigt und ich bestätige den Empfang. Ebenso verpflichte ich mich, diese Belehrung auch zu lesen.

   __________, den __________ ______________________________

   (Unterschrift des/der Erziehungsberechtigten)

9. **Waffenerlass:**
Ich bestätige hiermit durch Unterschrift, dass ich den Erlass des Kultusministeriums betreffend des Verbots des Mitbringens von Waffen in Schulen zur Kenntnis genommen habe. Ich verpflichte mich, meinem Kind (Name) ____________________ das Mitbringen von dem im Erlass genannten Gegenständen zu verbieten. Ich werde mich durch Kontrollen davon überzeugen, dass mein Kind das Verbot beachtet, damit Sachbeschädigungen und Körperverletzungen in der Schule oder auf dem Schulwege vermieden werden.
__________, den _________ ______________________________
(Unterschrift des/der Erziehungsberechtigten)

10. Ich bin damit einverstanden/nicht einverstanden, dass im Zuge der Arbeitserleichterung die **Daten unseres Kindes per Mail** verschickt werden dürfen (z. B. Essenmeldungen). Die Verarbeitung dieser Daten erfolgt ausschließlich zu den genannten schulorganisatorischen Zwecken und die Daten werden selbstverständlich dem bundeslandspezifischen Datenschutzgesetz gemäß nicht an unberechtigte Dritte weitergegeben. Die vorgegebenen Sicherheitsrichtlinien der Datenübermittlung werden dabei eingehalten.
__________, den _________ ______________________________
(Unterschrift des/der Erziehungsberechtigten)

11. Wir bestätigen durch Unterschrift an heutigem Anmeldedatum, dass wir heute bei Aufnahmedatum erhalten haben:

A) die **Schulordnung**
__________, den _________ ______________________________
(Unterschrift des/der Erziehungsberechtigten)

B) die **Hausordnung der Schule**
__________, den _________ ______________________________
(Unterschrift des/der Erziehungsberechtigten)

C) die **Veränderungsanzeige**
__________, den _________ ______________________________
(Unterschrift des/der Erziehungsberechtigten)

12. **Veränderungsanzeige: Uns ist laut Schulgesetz bewusst, dass wir sämtliche Änderungen nach dem Aufnahmedatum unverzüglich der Schulleitung, dem Klassenlehrer oder dem Schulverwaltungsteam mitteilen müssen.** Ich verpflichte mich daher, sämtliche Veränderungen bezüglich Telefon-, Notfallnummern, Anschriftenänderungen, Namensänderungen, Sorgerechtsänderungen mittels der mir ausgehändigten Veränderungsanzeige **umgehend nach einer der o. g. Änderungen** in der Schule bekannt zu geben.

____________, den __________ ____________________________

(Unterschrift des/der Erziehungsberechtigten)

13. **Weitergabe Ihrer Daten an Klassenelternvertreter**
Hiermit willige ich/willigen wir ein, dass meine/unsere personenbezogenen Daten (Anschrift, Telefonnummer, E-Mail-Adresse) an die gewählten Klassenelternvertreter weitergeleitet werden dürfen. Der Zweck dieser Datenerhebung besteht darin, den Erziehungsberechtigtenvertretungen eine Kontaktaufnahme mit Ihnen zu ermöglichen, insbesondere zur Weitergabe von Informationen und zur Wahrnehmung von deren Aufgaben.

Name, Vorname des Schülers, der Schülerin	Name, Vorname des Erziehungsberechtigten	Anschrift	Tel.-Nr.	E-Mail-Adresse

Diese Einwilligung kann für die Zukunft jederzeit bei der Schulleiterin/dem Schulleiter widerrufen werden. Dabei kann der Widerruf auch nur auf einen Teil der Daten(-arten) bezogen sein. Durch den Widerruf der Einwilligung wird die Rechtmäßigkeit der aufgrund der Einwilligung bis zum Widerruf erfolgten Verarbeitung nicht berührt. Im Falle des Widerrufs werden entsprechende Daten zukünftig nicht mehr für die oben genannten Zwecke verwendet und unverzüglich gelöscht. Soweit die Einwilligung nicht widerrufen wird, gilt sie für die Dauer der Schulzugehörigkeit des Kindes. Nach Ende der Schulzugehörigkeit werden die Daten gelöscht.

Die Einwilligung ist freiwillig. Aus der Nichterteilung oder dem Widerruf der Einwilligung entstehen keine Nachteile.
Gegenüber der Schule besteht ein Recht auf Auskunft über Ihre personenbezogenen Daten, ferner haben Sie ein Recht auf Berichtigung, Löschung oder Einschränkung, ein Widerspruchsrecht gegen die Verarbeitung und ein Recht auf Datenübertragbarkeit. Zudem steht Ihnen ein Beschwerderecht bei der Datenschutzaufsichtsbehörde, dem Landesbeauftragten für den Datenschutz, zu.

____

(Ort, Datum)

____

(Unterschrift des/der Erziehungsberechtigten)

14. **Betroffenenrechte**
Sie haben als von einer Verarbeitung personenbezogener Daten betroffene Person folgende Rechte:
Gemäß **Art. 7 Abs. 3 EU-DSGVO** können Sie Ihre einmal erteilte **Einwilligung jederzeit gegenüber uns widerrufen.** Dies hat zur Folge, dass wir die Datenverarbeitung, die auf dieser Einwilligung beruht, für die Zukunft nicht mehr fortführen dürfen.
Gemäß **Art. 15 EU-DSGVO** können Sie **Auskunft über Ihre** von uns verarbeiteten **personenbezogenen Daten** verlangen. Insbesondere können Sie Auskunft über die Verarbeitungszwecke, die Kategorie der personenbezogenen Daten, die Kategorien von Empfängern, gegenüber denen Ihre Daten offengelegt wurden oder werden, die geplante Speicherdauer, das Bestehen eines Rechts auf Berichtigung, Löschung, Einschränkung der Verarbeitung oder Widerspruch, das Bestehen eines Beschwerderechts, die Herkunft ihrer Daten, sofern diese nicht bei uns erhoben wurden, sowie über das Bestehen einer automatisierten Entscheidungsfindung einschließlich Profiling und ggf. aussagekräftigen Informationen zu deren Einzelheiten verlangen.
Gemäß **Art. 16 EU-DSGVO** können Sie die unverzügliche **Berichtigung unrichtiger oder Vervollständigung** Ihrer bei uns gespeicherten **personenbezogenen Daten** verlangen.
Gemäß **Art. 17 EU-DSGVO** können Sie die **Löschung** Ihrer bei uns gespeicherten **personenbezogenen Daten** verlangen, soweit nicht

die Verarbeitung zur Ausübung des Rechts auf freie Meinungsäußerung und Information, zur Erfüllung einer rechtlichen Verpflichtung, aus Gründen des öffentlichen Interesses oder zur Geltendmachung, Ausübung oder Verteidigung von Rechtsansprüchen erforderlich ist.

Gemäß **Art. 18 EU-DSGVO** können Sie die **Einschränkung der Verarbeitung** Ihrer **personenbezogenen Daten** verlangen, soweit die Richtigkeit der Daten von Ihnen bestritten wird oder die Verarbeitung unrechtmäßig ist, Sie aber deren Löschung ablehnen oder wir die Daten nicht mehr benötigen, Sie jedoch diese zur Geltendmachung, Ausübung oder Verteidigung von Rechtsansprüchen benötigen.

Gemäß **Art. 21 EU-DSGVO** können Sie **Widerspruch gegen die Verarbeitung** einlegen. Dieses Widerspruchsrecht ist das Recht, aus Gründen, die sich aus Ihrer besonderen Situation ergeben, jederzeit gegen die Verarbeitung Sie betreffender personenbezogener Daten, die für die Wahrnehmung einer uns übertragenen Aufgabe erforderlich ist, die im öffentlichen Interesse liegt oder in Ausübung öffentlicher Gewalt erfolgt, Widerspruch einzulegen; dies gilt auch für ein auf diese Bestimmungen gestütztes Profiling. Wir verarbeiten die personenbezogenen Daten dann nicht mehr, es sei denn, wir können zwingende schutzwürdige Gründe für die Verarbeitung nachweisen, die die Interessen, Rechte und Freiheiten Ihrer Person überwiegen, oder die Verarbeitung dient der Geltendmachung, Ausübung oder Verteidigung von Rechtsansprüchen.

Gemäß **Art. 20 EU-DSGVO** können Sie Ihre personenbezogenen Daten, die Sie uns bereitgestellt haben, in einem strukturierten, gängigen und maschinenlesebaren Format erhalten oder die Übermittlung an einen anderen Verantwortlichen verlangen (**Recht auf Datenübertragbarkeit**).

Gemäß **Art. 77 EU-DSGVO** können Sie sich bei einer **Datenschutz-Aufsichtsbehörde beschweren.** In der Regel können Sie sich hierfür an die Aufsichtsbehörde Ihres üblichen Aufenthaltsorts oder die Schulbehörde wenden.

8. Fall: Der Vertretungsplan

Morgens erhält die Schulsekretärin immer den tagesaktuellen Vertretungsplan. Damit alle Schüler sich vor Unterrichtsbeginn darüber informieren können, wird der Plan von der Schulsekretärin direkt in der Eingangshalle (Foyer) aufgehängt und dort auch mit Hilfe eines Beamers in der Eingangshalle für alle sichtbar an die Wand projiziert. Die Schule wird zusätzlich von Besuchern der Volkshochschule besucht, da diese Räume in der Schule zum Abhalten von VHS-Kursen angemietet hat.

Die ordnungsgemäße Aufgabenerfüllung der Schule bedingt, die am Schulleben beteiligten Schüler, Eltern und Lehrkräfte über Stundenplanänderungen mittels eines Vertretungsplans zu informieren.

Auch ohne Nennung der zu vertretenden bzw. die Vertretung übernehmenden Lehrkraft (Namen oder Namenskürzel) kann eine Personenbeziehbarkeit des Vertretungsplans (welche Lehrkraft wird vertreten) nicht immer ausgeschlossen werden.

Im Schulgebäude ist der Aushang oder die digitale Anzeige von Vertretungsplänen auch unter Nennung von Namen oder Namenskürzel der vertretenden Lehrkraft als für die Aufgabenerfüllung der Schule (Organisation des Schulbetriebs) erforderlich und somit als **zulässig** anzusehen.

Allerdings: Es muss beachtet werden, dass es sich um einen schulischen Raum handeln muss, der in der Regel der **allgemeinen Öffentlichkeit nicht zugänglich** ist. Wo schulfremde Personen häufig verkehren, sollten Bildschirmanzeigen/Papieraushänge von Vertretungsplänen möglichst nicht eingesetzt werden. Ein Schuleingangsbereich dürfte sich dann nicht zum Einsatz von Bildschirmanzeigen/Papieraushängen von Vertretungsplänen eignen, wenn dort Besucher bzw. Nutzer anderer Einrichtungen im Gebäude (z. B. wie Besucher der Volkshochschule) verkehren.

In jedem Fall ist die Nennung des Grundes der Vertretung zu vermeiden und eine Bildschirmanzeige/Papieraushang nach Unterrichtsschluss nicht mehr erforderlich.

9. Fall: „Ich kann Sie einfach nicht verstehen" – Umgang mit Eltern, die nicht deutsch sprechen

Eine Schulsekretärin an einer Grundschule hat die Aufgabe übernommen, die Aufnahmegespräche mit den Eltern der neuen Erstklässler durchzuführen. Hierzu geht sie mit den Eltern einen Aufnahmebogen durch. Die Eltern des kleinen Schülers E sprechen allerdings kein Deutsch und können der Schulsekretärin bei ihren Erläuterungen zur Aufnahme nicht folgen.

Noch vor zehn Jahren wäre dieser Fall kein Fall für Schulverwaltungskräfte gewesen, inzwischen taucht die Frage nach dem Dolmetscher häufiger auf. Es gibt in Deutschland Schulen, an denen zum Teil 14 Nationalitäten vertreten sind. Darunter gibt es Schüler aus dem Land Afghanistan. Allein dort werden 40 unterschiedliche Sprachen gesprochen. Wie löst man also das Problem, wenn ich als Schulverwaltungskraft Eltern z. B. bei einer Schulanmeldung nicht verstehe?

Zunächst einmal: Es ist nicht das Problem der Schulverwaltungskraft! Es ist nämlich die **Aufgabe des Schulträgers**, der für die Ausstattung der Schule an sich, Ausstattung mit Personal, welches nicht unterrichtet, zuständig ist. Er hat die **Funktionsfähigkeit** der Schule herzustellen und aufrecht zu erhalten. Er stellt die Schulverwaltungskraft ein, bezahlt den Hausmeister und die Schulassistenten und z. B. auch die Reinigungskräfte. Ergo ist es auch die Verpflichtung des Schulträgers, einen Übersetzer zu stellen, damit die Schulen ihre in den letzten Jahren deutlich erweiterten Aufgaben ordnungsgemäß erfüllen können. Es ist nicht das Problem der Schulverwaltungskraft oder des Schulleiters, wenn die Träger entgegnen: „Woher sollen wir das Personal stellen? Woher sollen wir das bezahlen?"

Allerdings muss zunächst einmal der Bedarf angemeldet werden – in schriftlicher Form, denn dann hat die Schule über diesen Vorgang einen Beleg. Am besten geht die Schulverwaltungskraft mit ihrem Schulleiter durch, für welche Sprachen sie bei einer Schulanmeldung bspw. einen unparteiischen Übersetzer benötigt. Dann geht diese Forderung über den Schulleiter an den Schulträger. In der Regel erhält die Schulleitung dann eine Antwort und einen Übersetzer. Stellt der Träger der betreffenden

Schule keinen Übersetzer zur Verfügung, ist dieser für alle negativen Folgen verantwortlich, die sich aus der Tatsache ergeben, dass die Schule trotz des Hinweises (Beleg!) keine Unterstützung bekommen hat.

10. Fall: Die Schlägerei Teil 1

Eine Schulsekretärin hat kurzfristig die Aufsicht in Vertretung für einen Lehrer übernommen und sieht, wie ein großer, kräftiger Schüler eine Schülerin schlägt. Die Schulsekretärin läuft hinzu und ruft dem Schüler zu, er solle sofort aufhören. Ohne Erfolg. Der Schüler schlägt weiter auf die Schülerin ein. Die Schulsekretärin versucht, den Schüler von der Schülerin wegzuziehen, was ihr nicht gelingt, denn der Schüler schlägt weiter wie im Rausch auf die Schülerin ein. Daraufhin gibt die Schulsekretärin dem Schüler eine schwere Ohrfeige.

Darf ich tatsächlich als Schulverwaltungskraft Schulkinder schlagen? Zunächst einmal natürlich nicht! Allerdings: Sie alle kennen den Notwehrparagrafen (§ 32 StGB). Er bedeutet: Wenn ich angegriffen werde, darf ich als letztes Mittel tatsächlich körperliche Gewalt einsetzen, um mich zu schützen.

Bei der **Notwehr** handelt es sich im deutschen Straf- und Privatrecht um die Verteidigung, die erforderlich ist, um einen gegenwärtigen rechtswidrigen Angriff von sich oder einem anderen abzuwenden. Er ist geregelt in § 32 des Strafgesetzbuchs (StGB), § 227 des Bürgerlichen Gesetzbuchs (BGB) und § 15 des Gesetzes über Ordnungswidrigkeiten (OWiG).

Notwehr kann zum Schutz eigener und fremder Individualrechtsgüter ausgeübt werden, etwa Leib, Leben und Eigentum. Dem Notwehrrecht liegt das Rechtsbewährungsprinzip zugrunde. Es gestattet die Verletzung von Rechtsgütern des Angreifers und verpflichtet diesen zu dessen Duldung. Daher stellt eine durch Notwehr gerechtfertigte Handlung kein Unrecht dar. Das Notwehrrecht zeichnet sich im Vergleich zu anderen Rechtfertigungsgründen dadurch aus, dass es dem Handelnden besonders weitreichende Eingriffsbefugnisse vermittelt.

Die Schulverwaltungskraft ging ergo im vorliegenden Fall aufgrund ihrer Handlung **straffrei** aus aufgrund von **Notwehr**.

Die Notwehr umfasst nicht nur das Recht, sich selbst zu wehren, sondern im Rahmen der **Nothilfe** auch das Recht, anderen zu helfen, falls sie angegriffen werden.

Die Voraussetzungen, unter denen körperliche Gewalt durch Notwehr bzw. Nothilfe gerechtfertigt ist, sind gleich: Es muss ein Angriff vorliegen, er muss gegenwärtig sein und er muss nicht anders abzuwenden sein. Das bedeutet, dass die angewendete Gewalt der Schwere des Angriffs angemessen sein muss. Im vorliegenden Fall sind alle diese Bedingungen erfüllt.

Die Schulverwaltungskraft geht hier tatsächlich straffrei aus und hat durch ihr Schlagen nicht falsch oder gesetzwidrig gehandelt.

11. Fall: Die Schlägerei Teil 2

An einer Schule mit problematischem Einzugsgebiet betritt eine Schulsekretärin montagmorgens ihr Sekretariat und wird unter Zeugen von einem Schüler mit den Worten angepöbelt: „Na, hast Du auch so ein geiles Wochenende wie ich gehabt?" Die Schulsekretärin verbittet sich diese Anzüglichkeiten, aber der Schüler lässt nicht locker und wird immer dreister. Schließlich sagt er unter mehreren Zeugen: „Nun sag schon, Du alte Schleimf..., bist Du am Wochenende von Deinem Alten gut rangenommen worden?" Daraufhin gibt die Schulsekretärin dem Schüler eine Ohrfeige.

Tatsächlich ist die Ohrfeige der Schulverwaltungskraft auch in diesem vorliegenden Fall gerechtfertigt. Rechtswidrige Angriffe richten sich immer gegen sog. „Rechtsgüter". Eines ist z. B. das Leben, ein anderes die körperliche Unversehrtheit, ein weiteres das Eigentum. Aber auch **die Ehre ist ein Rechtsgut**, das man gegen Angriffe schützen darf. Die Abwehr muss dem Angriff etwa angemessen, aber auch geeignet sein, den Angriff zu stoppen oder weitere Angriffe zu unterbinden. Wenn also die Schulverwaltungskraft in gleicher Weise den Schüler beleidigen würde, wäre das zwar auf der gleichen Ebene, aber wohl kaum ein geeignetes Mittel, um die Beleidigungen des pöbelnden Schülers wirksam zu unterbinden. Da die Schulverwaltungskraft vorher erfolglos versucht hat, die Beleidigungen zu unterbinden, war die Ohrfeige letztlich ein vertretbares Mittel, um die schweren Ehrverletzungen gegen sie zu stoppen. Auch hier hat die Schulverwaltungskraft zwar juristisch eine Körperverletzung begangen, ihr Handeln war allerdings gerechtfertigt und bleibt **somit straffrei**.

12. Fall: Das Geld der Skifreizeit

An einer süddeutschen Schule betritt eines morgens der Sportlehrer das Schulsekretariat und sagt: „Hier in dem Briefumschlag, Frau Müller, ist das Geld für die Skifreizeit, das ich letzte Woche bei den Zehntklässlern eingesammelt habe. Schließen Sie diese 2.800 Euro doch bitte in den Schultresor!" Die Schulsekretärin ist im Stress, nimmt den Briefumschlag entgegen und legt diesen in ein Fach des im Sekretariat befindlichen Tresors. Zwei Wochen später erscheint erneut der Sportlehrer und bittet die Sekretärin um Aushändigung seines vorher abgegebenen Umschlags. Die Sekretärin schließt den Tresor auf, entnimmt den Umschlag und händigt diesen dem Sportlehrer aus. Dieser zählt noch im Schulsekretariat nach und stellt fest: „Da fehlen ja 1.000 Euro!"

1991 erschien – auf Drängen der kommunalen Schulträger – das sog. KGSt-Gutachten. In diesem Gutachten wird aufgeführt, was arbeitsjuristisch klassische Aufgaben der Schulverwaltungskraft sind und was nicht („Negativkatalog"). **Nicht zu den Aufgaben der Schulverwaltungskraft** gehört bspw. Nachfolgendes:

- Mithilfe leisten bei der Durchführung von Geldsammlungen/Spendenaktionen,
- Entgegennehmen von Bargeld der Lehrkräfte (außer ggf. Tätigkeiten im Zusammenhang mit der Aufgabe Schulkonto),
- Zuschussbeantragung für Schulveranstaltungen und Klassenfahrten durchführen,
- Kopien für den Unterricht der Lehrkräfte tätigen,
- Schüler- und Lehrerbücherei verwalten,
- Protokolle (z. B. bei Lehrerkonferenzen) führen,
- Erstellen und Aktualisieren der Stundenpläne,
- Beratungsgespräche im Rahmen des Anmeldeverfahrens führen,
- Durchführung von Einzelveranstaltungen, die Ausfluss der pädagogischen Aufgaben sind wie z. B. Museumsbesuche, Schultheater, Schulkonzerte, Kartenvorverkauf für Theater, Konzerte u. ä.,
- Busfahrten beantragen,

- Studienfahrten-Wanderfahrten (es sei denn, der Schulträger ist Veranstalter oder beteiligt sich wesentlich an den Kosten):
  - Zuschüsse beantragen und abrechnen,
  - Preisumfragen,
  - Fahr- und Unterkunftskosten abrechnen,
  - Fahr- und Unterkunftsmöglichkeiten erkunden;
- Schreibarbeiten (sofern nicht als unterstützende Tätigkeit für die Schulleitung) wie z. B. das Schreiben von Zeugnissen.

Das Schreiben von Abschlusszeugnissen gehört nur dann zu den Aufgaben einer Schulverwaltungskraft, wenn dies zwischen Schulleitung und Schulträger abgesprochen ist. Die Auswirkungen auf den Stundenbedarf sind zu berücksichtigen.

- Sonderpädagogische Gutachten:
  - Gutachten der Grundschulen am Ende der 4. Klasse,
  - Gutachten beim Übergang von der Realschule in die gymnasiale Oberstufe (nach Landesrecht unterschiedlich)
- Reisekostenrechnungen

Für die Abrechnung von Dienstreisen/-gängen nach dem Bundesreisekostengesetz ist jeder Bedienstete eigenverantwortlich zuständig.

- Mitwirkung während schulärztlicher, schulzahnärztlicher Aktionen (s. aber Aufgabe-Nr. 213),
- Betriebspraktikum (s. auch Aufgaben-Nr. 213 und 230),
- Erfassen und Verwalten der Schülerleistungsdaten,
- Bedarfsermittlung bei fachübergreifenden und fachspezifischen Lehrmitteln (Aufgaben-Nr. 141.1 und 141.2),
- Lieferungskontrolle bei fachspezifischen Lehrmitteln (Aufgaben-Nr. 1412),
- Lehrmittelverwaltung (Aufgaben-Nr. 141.23),
- Materialverwaltung bei Lernmitteln (Aufgaben-Nr. 142),
- Erste Hilfe bei Schulkindern leisten (Aufgaben-Nr. 229) außer bei § 323 c StGB.

Zusammenfassung:

Geldsammlungen durchzuführen und das Verwalten von eingesammeltem Geld der Lehrer ist eindeutig eine Aufgabe der Lehrkräfte. Bereits die KGSt formulierte dies im „Negativkatalog" 1991, der dem aktuellsten Gutachten der KGSt von 2014 auch anhängig ist. Ebenso wenig ist es die Aufgabe der Schulverwaltungskraft, Mithilfe bei der Durchführung von Spendenaktionen der Lehrer (Schüler) zu leisten, dieses Geld gar zu verwalten etc. Auch die Zuschussbeantragung und Abrechnung von Studienfahrten oder Wanderfahrten und Preisumfragen hierzu sind ebenso wenig Aufgabe der Schulverwaltungskraft wie die Abrechnung von Fahr-und Unterkunftskosten oder Reisekostenrechnungen der Lehrkräfte vorzunehmen (für die Abrechnung von Dienstreisen/-gängen ist nach dem Bundesreisekostengesetz jeder Bedienstete eigenverantwortlich zuständig).

Anders jedoch verhält es sich bei **Geldsammlungen, die für den Schulträger** (also meist auch der Vorgesetzte der Schulverwaltungskraft) durchzuführen sind (Bsp.: Die Schüler können in der schuleigenen Cafeteria Mittagessen zu sich nehmen. Das Essen wird vom Schulträger organisiert. Für das Essen gibt es Essensmarken, die bei der Schulverwaltungskraft gekauft werden können). Hier liegt eine Aufgabe der äußeren Schulangelegenheit – ergo Trägeraufgabe vor. Hier kann der Träger diese Geldsammlung, das Entgegennehmen von Bargeld durch seine Mitarbeiterinnen im Schulsekretariat, vornehmen lassen.

TIPP:

- Wenn Sie Geld von Lehrern entgegennehmen, zählen Sie in Anwesenheit des Lehrers das Geld laut und deutlich nach.
- Fertigen Sie ein Übergabeprotokoll an und lassen Sie sich den Betrag, den Sie entgegengenommen haben, unterzeichnen.
- Im besten Fall: Sorgen Sie für bargeldlosen Zahlungsverkehr der Lehrer.

13. Fall: „Frau Schmitt, fahren Sie mal schnell mit!" – Rettungswagen

An einer Grundschule im Hochschwarzwald geht die Grippewelle um. Viele Lehrer sind erkrankt, es fällt dem Schulleiter sehr schwer, überhaupt geregelten Unterricht stattfinden zu lassen. Um 9:40 Uhr, zu Beginn der ersten großen Pause, verletzt sich der Schüler K. am Bein. Der Schüler muss ins Krankenhaus gebracht und dort geröntgt werden. Aufgrund des Lehrermangels bittet der Schulleiter, dass die Schulsekretärin S. mit dem RTW mitfährt, um den Schüler ins Krankenhaus zu begleiten. Als diese mit dem Schüler dort angekommen ist, erscheint der Vorgesetzte der Schulsekretärin (Fachbereichsleiter Schule der Stadtverwaltung) und fragt nach seiner Beschäftigten. Als der Schulleiter erklärt, dass er aus Lehrermangel die Schulsekretärin mitgeschickt hat, erklärt dieser dem Schulleiter gegenüber lautstark, dass dies keine genehmigte Dienstfahrt sei.

Der für die Erste Hilfe verantwortliche Lehrer entscheidet für sich, je nach Einzelfall, welches Transportmittel er für den in seiner Obhut befindlichen Schüler einsetzen wird: entweder Krankenwagen, Notarztwagen, Taxi, Anruf bei der Rettungsleitstelle oder Rettungshubschrauber. Eine generelle Anordnung, bei jedem Schulunfall grundsätzlich einen Krankenwagen zu bestellen und verletzte Schüler immer ins Krankenhaus zu transportieren, überschreitet den Rahmen des juristisch Vertretbaren. Vielmehr sind die Eltern auf ihre Fürsorge- und Aufsichtspflicht nach dem BGB hinzuweisen. Die Art der Verletzungen, der Zustand des verletzten Schülers, die örtlichen Verhältnisse und die Entfernung zum nächstmöglichen Arzt sind bei der Auswahl des Transportmittels für den Lehrer entscheidend. Auch während des Transports besteht uneingeschränkte Aufsichtspflicht der Schule! Daher muss der Lehrer i. d. R. den Schüler zum Arzt oder ins Krankenhaus begleiten. Je nach Art der Verletzung und dem Zustand des verletzten Schülers kann ab Klassenstufe 8 im Einzelfall dafür auch ein geeigneter Mitschüler ausgewählt werden. Die Verantwortung der Schule bleibt jedoch weiterhin voll juristisch bestehen. Im Krankenhaus oder beim Arzt darf sich der begleitende Lehrer bei Kindern bis zur Klassenstufe 8 erst dann entfernen, wenn die Erziehungsberechtigten eingetroffen sind (bis zu 24 Stunden). Erscheinen die Eltern nicht, ist das Kind von Lehrerseite aus dann in die Obhut des Jugendamtes zu übergeben.

Kinder und Beschäftigte in der Schule sind bei einem Wegeunfall gesetzlich unfallversichert. Dazu fallen auch die Wege von und zur Schule. Zu beachten ist aber: Die gesetzliche Unfallversicherung deckt immer nur Personenschäden ab! Dazu zählen Heilbehandlungskosten, Rentenzahlungen bei dauerhaften Verletzungsfolgen sowie Rentenzahlungen an Hinterbliebene. Sachschäden sind in der gesetzlichen Unfallversicherung hingegen nicht versichert. Vielmehr gelten bei einem Unfall die allgemeinen Grundsätze der KFZ-Haftpflichtversicherung, also:

Erster Fall: Die Gegenseite hat Schuld. Der Schaden an Ihrem Fahrzeug wird von der Versicherung des Unfallgegners reguliert.

Zweiter Fall: Sie haben Schuld und sind vollkaskoversichert: Sämtliche Sachschäden werden von Ihrer Versicherung reguliert. Sie selbst tragen Ihre eventuelle Selbstbeteiligung und die Mehrkosten aufgrund der Höherstufung in der Versicherung.

Dritter Fall: Sie haben Schuld und sind teilkaskoversichert. Ihre Versicherung reguliert nur den Schaden Ihres Unfallgegners. Den Sachsachaden am eigenen Auto tragen Sie selbst. Hinzu kommt noch die Höherstufung in der Versicherung.

Bevor Sie Ihr Auto für einen solchen riskanten Kindertransport daher zur Verfügung stellen, sollten Sie als Schulverwaltungskraft folgende Punkte abklären:

Erstens: Was sagt Ihr Arbeitsvertrag? In den Arbeitsverträgen der meisten Schulträger ist der Transport von Kindern der Schule in Privat-PKWs der Schulverwaltungskräfte ausdrücklich verboten. Prüfen Sie daher unbedingt, ob dies auch auf Ihren Arbeitsvertrag zutrifft. Verstoßen Sie gegen dieses Verbot, führt dies zwar nicht zum Wegfall des Versicherungsschutzes für Sie und die Kinder aus gesetzlicher Unfallversicherung und KFZ-Haftpflichtversicherung. Es werden sich aber mit Sicherheit arbeitsrechtliche Konsequenzen wie z. B. eine Abmahnung oder Schlimmeres für Sie ergeben.

Zweitens: Was bestimmt Ihr KFZ-Versicherungsvertrag? Ihr Versicherungsvertrag gibt Ihnen Auskunft darüber, ob Sie im Schadensfall auf einem Vermögensschaden sitzen bleiben, weil Ihr PKW nur teilkaskoversichert ist. In diesem Fall sollten Sie von einer Beförderung ohnehin grundsätzlich absehen. Aber auch bei einer Vollkaskoversicherung sollten Sie sich eine Kindsbeförderung wegen der selbst dann noch bestehenden oder beschriebenen Nachteile gut überlegen. Ansonsten kann der schöne „Ausflug" teure und langwierige Konsequenzen haben.

Drittens: Sie brauchen die Einverständniserklärung der Eltern. Unabhängig von der versicherungsrechtlichen Fragestellung in einem solchen Fall ist eine Mitnahme des Kindes nicht vom Schulbetreuungsvertrag der Eltern mit der Schule abgedeckt und gilt als „Extra". Das bedeutet: Sie müssen hierfür in jedem Fall das Einverständnis der Eltern einholen. Manche Eltern haben prinzipiell etwas dagegen, dass Ihr Kind in einem fremden Auto mitfährt. Das Einverständnis sollten Sie sich unbedingt schriftlich geben lassen und zu Ihren Unterlagen nehmen!

Viertens: Während der Fahrt ist besondere Vorsicht geboten. Wenn Sie Kinder transportieren, müssen Sie es vorschriftsmäßig tun. Ansonsten wird die gesetzliche Unfallversicherung zwar für die Heilbehandlungskosten und sonstigen Folgekosten wie Reha-Maßnahmen, Hilfsmittel etc. aufkommen, Sie aber nachfolgend in Regress nehmen. Für so manchen Unfallverursacher bedeutete dies schon der finanzielle Ruin. Sie dürfen sich daher während der Fahrt nicht grob fahrlässig verhalten, also bspw. bei Rot über eine Ampel fahren, zu schnell fahren oder gar Restalkohol von der Familienfeier vom vergangenen Abend im Blut haben. Weiterhin müssen Sie das Kind vorschriftsmäßig sichern; das bedeutet: Das Kind sitzt korrekt angeschnallt auf einem für die jeweilige Alters- und Gewichtsklasse zugelassenen Kindersitz und der Kindersitz selbst ist korrekt und vorschriftsmäßig montiert.

Und nun zum Argument der Dienstfahrt:

Nach der ständigen Rechtsprechung des Bundesarbeitsgerichts (BAG, DAR 2011 S. 1585) trägt der kommunale Arbeitgeber beim Einsatz des Privatwagens grundsätzlich das Unfallrisiko, wenn der Arbeitnehmer seinen Privat-PKW auf einer vorher schriftlich angeordneten Dienstfahrt mit Genehmigung und Weisung des Arbeitgebers ohne besondere Vergütung im Betätigungsbereich des Arbeitgebers benutzt. Der Arbeitnehmer hat dann gegen den Arbeitgeber einen Ersatzanspruch für alle Schäden beim Einsetzen des Privatwagens, soweit diese auf der vorher schriftlich angeordneten Dienstfahrt entstanden sind. Allerdings: Ein Schadensersatzanspruch besteht nicht, soweit diese vom Arbeitgeber gewährte Auslagenpauschale mit abdeckt ist (30/40/50 Cent-Regelung). Anders sieht es aus, wenn Sie an einem Tag als „Springer“- oder „Pendlerschulverwaltungskraft“ z. B. zwei Schulen betreuen. Hier hat Ihr Arbeitgeber es billigend in Kauf genommen, dass Sie diese Wegstrecken vollziehen müssen.

Zusammenfassung:

Ein Schulleiter ist Ihnen zwar weisungsbefugt, jedoch müssen sich nach geltender Rechtsprechung diese Weisungen immer im Rahmen des Arbeitsvertrags bewegen. Wenn ein Schulträger Ihnen die Nutzung Ihres privaten PKWs für Dienstreisen und Dienstfahrten verbietet, kann ein Schulleiter Ihnen nicht sagen, Sie „müssen“ die Post mit Ihrem Fahrzeug wegbringen. Versichert ist lediglich die Fahrt mit Ihrem Privat-PKW von zu Hause zu Ihrem Arbeitsplatz Schule. Abweichungen, auch wenn dies der Schulleiter anordnet, sind ohne Rücksprache mit Ihrem Träger (Haupt-und Personalamt) keine Dienstfahrt.

TIPP:

- Schreiben Sie eine Mail an Ihren Schulträger, in der Sie aufzeigen, dass Sie für nachfolgende Anweisungen des Schulleiters während Ihrer Arbeitszeit Ihren Privat-PKW benutzen (z. B. Post wegbringen, Briefmarken kaufen etc.) und bitten Sie Ihren Schulträger, dies als angeordnete Dienstfahrt anzuerkennen.
- Klären Sie die Frage, ob Ihr Schulträger die Fahrt mit Schulkindern laut Ihrem Arbeitsvertrag erlaubt oder verbietet.
- Sie brauchen die Einverständniserklärung der Eltern. Fehlt eine generelle Einverständniserklärung der Eltern, müssen Sie diese im Einzelfall schriftlich von den Eltern vorher einfordern.
- Die Beförderung von Kindern Ihrer Einrichtung mit dem eigenen privaten PKW ist ein riskantes Unterfangen, von der aus juristischer Sicht eher abzuraten ist!
- Niemals dürfen Sie ein Schulkind in einem echten Notfall transportieren, also bspw. ins Krankenhaus oder zum Arzt. Durch unsachgemäßen Transport können weitere gesundheitliche Schäden beim Kind verursacht werden, für die Sie dann haftbar zu machen wären. Auch könnte das Kind kollabieren. Sie als Fahrerin wären dann nicht in der Lage, ihm Erste Hilfe zu leisten.

14. Fall: Das Schulsekretariat als Apotheke

Eine Schulsekretärin gibt an Schulkinder im Bedarfsfall Medikamente heraus. Im Gerichtsurteil wurde genannt, dass sie nachfolgende Medikamente für Schüler vorrätig hielt: unter anderem eine Salbe mit dem Wirkstoff „Diclofenac", Fenistil-Gel gegen Insektenstiche und eine Bepanthen-Wundsalbe. An ältere Schüler dieser weiterführenden Schule gab sie auch Aspirin aus und behandelte Schulkinder, die aus dem Sportunterricht mit einer Wunde kamen, mit einer Jodsalbe, die sie z. T. mit Wattestäbchen auf die offene Wunde zur Desinfizierung auftrug. Diese Schulsekretärin wurde daraufhin angezeigt, da ein weibliches Schulkind auf dieses Jod allergisch reagierte.

Grundsätzlich dürfen selbst von ausgebildeten Ersthelfern (auch Lehrer und Sportlehrer) keine Medikamente verabreicht werden. Hierzu zählen auch Salben und Pflastersprays jeglicher Couleur aufgrund des Problems von allergischen Reaktionen. Medikamente dürfen grundsätzlich nur von medizinischem Fachpersonal verabreicht werden.

Soweit der Grundsatz. Und nun zu den Ausnahmen:

Es ist bekannt, dass das Thema Inklusion, also Unterrichtung von chronisch kranken Schulkindern und gesunden Kindern, ein großes Thema ist. Und genau aus diesem Grund besprachen die Kultusminister auf mehreren Konferenzen dieses Thema, u. a. auch den rechtlichen Umgang hiermit. Hierbei ging es z. B. um nachfolgende Fragen:

Was machen wir in einer solchen Inklusionsschule z. B. mit Kindern, die Ritalin (ACHTUNG: Fällt unter das Betäubungsmittelgesetz [BTMG]!) benötigen, aber die Uhrzeit (noch) nicht ablesen können?

Was machen wir mit an Asthma erkrankten Kindern, die ein Asthmaspray benötigen? Wo wird dieses gelagert? Wer kümmert sich hier um solch wichtigen Dinge wie Ablaufdatum etc.?

Was machen wir an der Schule mit Kindern, die an Epilepsie erkrankt sind, und eine Unterlippennotfallspritze benötigen?

Was machen wir mit zuckerkranken Schulkindern, die eine Insulinspritze benötigen, aber nicht in der Lage sind, sich diese im Notfall selbst zu setzen, sich Medikamente selbst zu verabreichen?

Die Kultusminister beschlossen deshalb Nachfolgendes: Jede Schule in Deutschland kann Medikamente für Schüler lagern und diese durch Lehrer ausgeben lassen. Sie muss es aber nicht. Es ist eine freiwillige Entscheidung der Lehrerkonferenz, zu beschließen, ob dieses Verhalten angeboten wird oder nicht. Keine Schule kann demnach verpflichtet werden, dem Wunsch eines Elternteils zu entsprechen, der fordert: „Sie müssen meinem Kind im Notfall diese Spritze geben/Spitze setzen!“ Es ist, wie erwähnt, eine freiwillige Entscheidung der Lehrerkonferenz und des Schulleitungsteams, dies zu beschließen.

Was machen wir nun mit Kindern, bei denen die Schule eine solche Maßnahme der Medikamentenreichung oder des Medikamentierens ablehnt? Werden diese Schulkinder nie wieder unterrichtet?

Nein, natürlich nicht, denn wir haben in Deutschland die Schulpflicht. In solchen Fällen müssen entweder die Eltern kommen, um zu gegebenen Zeiten diese Medikamente an ihr Kind ausgeben zu können, oder es erscheint der sog. „Allgemeine Soziale Dienst“, der die Medikamente herausgibt, oder die Krankenkasse des Schülers bestellt einen Pfleger, der das Kind an der Schule betreut. Bei schweren chronischen Erkrankungen muss das Kind ggf. in einer Krankenhausschule unterrichtet werden.

In manchen Fällen ist es für das Kind wichtig, dass ihm sofort ein Medikament gespritzt wird – so z. B. bei einem allergischen Schock oder bei einem „Zuckerschock“ (Über- bzw. Unterzuckerung), den Kinder mit Diabetes mellitus erleiden können. Auch bei starken allergischen Reaktionen muss oft rasch ein Antihistaminikum bzw. Adrenalin gespritzt werden. Eine solche Injektion ist ein Eingriff, zu dem **Lehrer nicht berechtigt und auch nicht verpflichtet sind**. Eltern bzw. Erziehungsberechtigte erlernen die Technik meist, um ihrem Kind rasch helfen können. Größtenteils sind aber Lehrer mit solchen Eingriffen überfordert. Deshalb soll wie bei einem unerwarteten Unfall schnellstmöglich der Rettungsdienst gerufen werden.

Lehrer, die über die erforderlichen Kenntnisse und Fähigkeiten verfügen, können sich zur Injektion im Notfall bereit erklären, müssen dieses aber in schriftlicher Form mit den Eltern bzw. Erziehungsberechtigten als „private Gefälligkeit“, die nicht Teil ihrer dienstlichen Tätigkeit ist, mit Haftungsausschluss vereinbaren.

Für die Schule sollte im Regelfall gelten: Das Kind verhält sich mit Unterstützung des Lehrers so, dass es nicht zu einem Schock kommen kann. Bei voraussehbaren Extrembedingungen, die einem Kind mit Diabetes die Kontrolle nach gewohntem Muster und das rasche Herbeirufen eines Arztes erschweren, sind Sonderregelungen zwischen Arzt und Erziehungsberechtigten mit dem betroffenen Kind bezüglich Blutzuckermessungen und zusätzlich mitzuführenden Portionen von Zucker und Insulin zu vereinbaren. Davon sind die Lehrer in Kenntnis zu setzen.

Jeder Lehrer sollte darin geübt sein, Kinder, die bewusstlos zu Boden gefallen sind, in eine stabile Seitenlage zu bringen. Diese verhindert, dass die Atmung behindert wird. Bei Krampfanfällen sollte hierbei jedoch auf keinen Fall Gewalt angewendet werden. Mit einer Unterlage (in der Schule durch ein abwaschbares, festes Kissen) muss verhindert werden, dass das Kind mit dem Kopf auf den Boden schlägt. Notfalls ersetzt ein Pullover oder eine Tasche das Kissen.

Wichtig ist aber auch zu wissen, dass Lehrer, die ihrem Kenntnisstand entsprechend umsichtig und aufmerksam mit einem chronisch beeinträchtigten Kind umgehen, nicht verantwortlich und nicht haftbar dafür zu machen sind, wenn es zu einem Zwischenfall kommt und das Kind Schaden erleidet.

Es ist vor allem Sache der Eltern bzw. Erziehungsberechtigten und eventuell auch des behandelnden Arztes, Lehrer so zu informieren, dass diese sich nach menschlichem Ermessen und unter Berücksichtigung von Alltagsbedingungen in der Schule der Situation entsprechend richtig verhalten können. Nur bei grober Fahrlässigkeit könnten die Lehrer zur Verantwortung gezogen werden.

Es sollte durch die Schule sichergestellt werden, dass der Lehrer bei Vorhaben mit einer Klasse, in der medikamentenabhängige Kinder sind, außerhalb von Wohngebieten ein Handy zur Verfügung hat, mit dessen Hilfe das Herbeirufen eines Arztes überall und jederzeit möglich ist.

Kein Lehrer kann verpflichtet werden, privat ein Handy zu besitzen.

In Einzelfällen ist zu erwägen, ob ein Familienmitglied des betroffenen Kindes, das besonderer Sorgfaltspflicht bedarf, am Vorhaben der Klasse teilnimmt.

Kinder, die an einer chronischen gesundheitlichen Beeinträchtigung leiden und wo ein ärztliches Eingreifen eventuell unterwegs notwendig werden kann, sollten immer ihren Schüler-Notfall-Pass mitführen. Bei einigen Krankheiten (z. B. Epilepsie) gibt es Spezial-Pässe.

Wenn Lehrerkonferenz und Schulleitungsteam nun beschließen, dass die Schule Medikamente für Schulkinder lagert und diese durch die Lehrer auch ausgibt oder sogar anwendet, dann muss diese Vereinbarung, die zwischen einem einzelnen Lehrer und den Eltern getroffen wird, immer schriftlich erfolgen. Und weil diese Vereinbarungen, die es an Schulen gibt, oft „schwammig" sind, gibt es nachfolgend einen Bogen, mit dem man dieses Verfahren auch rechtssicher gestalten kann.

Darf die Schulverwaltungskraft denn nun Medikamente ausgeben oder gar verabreichen?

Nein. Das Rechtsverhältnis beruht in der Schule auf der Beziehung zwischen Elternhaus und den Lehrkräften. Diese Lehrkräfte haben die juristische Garantenstellung inne, d. h. Eltern geben ihre Kinder juristisch bei den Lehrkräften ab. Diese übernehmen die Garantie, dass diesen Kindern in der Zeit des Unterrichts, in den Pausen, Sport-Schwimmunterricht, bei sonstigen schulischen Veranstaltungen nichts passiert; daher ist beispielsweise die Aufsichtspflicht immer an das Lehramt gekoppelt (s. *Böhm*, Aufsicht und Haftung in der Schule, Köln 2007, S. 7). Die Garantenstellung gibt es deshalb, um Lehrer zu motivieren, Lehrer zu werden; sie können nämlich nur aufgrund Vorsatz oder grober Fahrlässigkeit haftbar gemacht werden. Eine solche Garantenstellung und auch diesen Rechtsschutz, der durch die Garantenstellung zuteil wird, hat die Schulverwaltungskraft als Verwaltungsmitarbeiterin nicht. Eine Medikamentenausgabe darf daher nur – und wenn überhaupt –von Lehrkräften erfolgen. Eine Rechtspflicht, Medikamente in der Schule auszugeben, besteht ohnehin nicht.

Jetzt wissen wir, was Schulverwaltungskräfte nicht dürfen. Aber was dürfen diese denn nun in diesem Bereich? Und somit kommen wir zu den Pflastern. Selbstverständlich dürfen Schulverwaltungskräfte Pflaster ausgeben, sie dürfen diese allerdings nicht aufkleben. Das Aufkleben muss entweder der Schüler selbst oder ein Lehrer muss diese Aufgabe übernehmen.

Die Herausgabe von Coldpacks ist ebenso erlaubt. Mit der Handhabung beschäftigt sich Fall 15.

Zusammenfassung:

- Es besteht keine Pflicht, dass die Schule Medikamente an Schulkinder ausgibt.
- Die Eltern können die Schule mit der Medikamentengabe für ihr Kind betrauen.
- Die Schule kann, sie muss diesem Wunsch aber nicht entsprechen.
- Es besteht eine besondere Pflicht zur Sorgfalt.
- Einzelheiten einer regelmäßigen Medikamentengabe müssen schriftlich geregelt werden.
- Eine notfallmäßige Medikamentengabe, bei der es zu lebensbedrohlichen Krankheitsbildern kommen kann, muss vorher detailliert geklärt sein. Ein Notarzt ist immer zu bevorzugen.
- Eine Schulverwaltungskraft darf keine Medikamente verabreichen.
- Die beiliegenden Formblätter helfen, dieses Verfahren rechtssicher zu gestalten.

Formular Medikamentenabgabe in der Schule

Teil 1: Einwilligung der Sorgeberechtigten

Hiermit willigen wir

____

(Name, Vorname Kindsmutter)

____

(Name, Vorname Kindsvater/2. Sorgeberechtigte(r))
ein, dass unserem Schulkind

____

(Name, Vorname des Kindes/ aktuelle Klasse)
im Bedarfsfall folgende(s) nachfolgende(s) Medikament(e) durch nachfolgend namentlich benannte **Lehrkräfte (Sicherheitsbeauftragte(r)/ Ausgebildete(r) Ersthelfer(in)/ in der Verwendung von Spritzen o. ä. eingewiesene Lehrkraft):**

____

____

____

ausgegeben werden darf.
Medikament(e):

____

____

Dosierung und Anleitung:
(wenn notwendig, Folgeblatt verwenden)

____

____

____

____

Der Bedarfsfall zeigt sich wie folgt an:

____

____

____

____

Die bereitzuhaltenden Medikamente sind für Lehr- und Aufsichtskräfte stets leicht erreichbar aufzubewahren, aber vor unbefugtem Zugriff durch Mitschüler zu schützen. Ein Warnschild im Schrank weist ausdrücklich darauf hin, dass es sich bei den Packungen um Medikamente handelt. Die Medikamente haben deutlich, und nicht nur auf der Schachtel, den Namen des Kindes tragen, für das die Medikamente bestimmt sind. Zumindest einzelne Kinder der Klasse müssen um die Aufbewahrung wissen, damit sie fremde Lehrer/innen darauf hinweisen können.

Die (Notfall-)Medikamente befinden sich daher:
Raum:

____

Genauer Aufbewahrungsort:

____

Hiermit erklären wir, dass unserem Kind in der Schule durch eine Lehrkraft oder Pädagogische Mitarbeiterin die durch den Arzt festgelegten Medikamente regelmäßig oder in der beschriebenen Situation verabreicht werden. Es ist mir bewusst, dass weder die Lehrkraft noch die Pädagogische Mitarbeiterin eine medizinische Ausbildung besitzen. Ich stelle hiermit ausdrücklich bezüglich der Verabreichung der oben genannten Medikamente die handelnde Lehrkraft oder Pädagogische Mitarbeiterin von jeglichen Haftungsansprüchen unsererseits oder unseres Kindes frei.
Diese Einwilligung gilt ausschließlich für das laufende Schuljahr und muss stets jedes kommende Schuljahr im Bedarfsfall erneuert werden. Mögliche Änderungen bzgl. des Medikaments, Dosierung, o. ä. teilen wir der Schule unverzüglich mit.

____

____

(Unterschriften beider Sorgeberechtigter)

____

(Ort, Datum)

Teil 2: Datenschutzeinwilligung der Sorgeberechtigten

Einwilligung

Der Sorgeberechtigten gegenüber der Schule/Lehrkraft (Name):

____

zur Datennutzung (Weitergabe) innerhalb der Schule (Name):

____

Wir willigen ein, dass die Schule diejenigen personenbezogenen Daten unseres Kindes
(Name und Klasse): ___________________________

betr. die chronische Erkrankung ______________________
an Lehrer und Mitschüler* weitergibt, soweit dies für den fürsorglichen Umgang mit dem Kind in der Schule erforderlich ist.

Uns ist bekannt, dass wir unsere Einwilligung jederzeit mit Wirkung für die Zukunft widerrufen können.

***Nicht Gewünschtes bitte streichen.**

________________ ____________________________

Datum und Ort ____________________________

Unterschriften beider Sorgeberechtigten

Teil 3: Beschränkte Schweigepflichtsentbindung

Wir entbinden Frau/Herrn Dr. ______________________________
gegenüber der Schule (Name)/der Lehrkraft (Name)*

____

von der ärztlichen Schweigepflicht gemäß § 203 StGB. Diese Schweigepflichtsentbindung bezieht sich nur auf die von der Schule zum fürsorglichen Umgang mit der Erkrankung erforderlichen personenbezogenen Daten unseres Kindes: ______________________________
und beschränkt sich auf die chronische Erkrankung:

____

***Nicht Gewünschtes bitte streichen.**

______________________ ______________________________

Datum und Ort ______________________________

Unterschriften beider Sorgeberechtigten

Teil 4: Medizinische Indikation des Hausarztes
Bescheinigung zur Vorlage in der Schule –
Verabreichung von Medikamenten

Hiermit halte ich es für medizinisch indiziert, dass die Schülerin/der Schüler ______________________________ geb. am ______________________
die nachfolgend aufgeführten Medikamente:

☐ zu folgenden Zeiten regelmäßig einnehmen muss:
(Name des Medikamentes/der Medikamente, Tageszeiten, Dosierung, Art der Verabreichung)

☐ in folgenden Fällen erhalten muss:
(Beschreibung der Anlasssituation, Name des Medikaments, Dosierung, Art der Verabreichung)

Die Sorgeberechtigten haben mich diesbezüglich von meiner Schweigepflicht befreit, für Rückfragen stehe ich telefonisch unter __________ zur Verfügung.

______________________ ____

Ort, Datum Unterschrift und Stempel mit KV-Zulassungsnr. des Arztes/ der Ärztin

15. Fall: Das kontaminierte Coldpack

Eine Schulsekretärin gibt an Schulkinder im Bedarfsfall Kühlakkus heraus. Diese werden in einem Kühlschrank im Schulsekretariat gelagert. Eines Morgens erscheint ein Vater mit einem Zeugen im Sekretariat, der sich wiederholt in Streitigkeiten mit der Schulleitung befindet, und bittet die Sekretärin um Öffnung des Kühlschranks, in welchem sich die Kühlakkus befinden, und um die Herausgabe der Kühlakkus. Er macht einen Abstrich auf einem Kühlakku und zeigt die Schulsekretärin bei dem Schulträger an wegen Verletzung des Deutschen Infektionsschutzgesetzes.

Nehmen wir hierzu zunächst einmal einen Exkurs vor:

Händewaschen ist immer noch eine der effektivsten Methoden gegen Infektionen. Nun hat eine Studie Unappetitliches ans Licht gebracht: Nur acht Prozent der Deutschen waschen ihre Hände in korrekter Weise. Und Männer sind dabei offenbar besonders nachlässig.

Der Absatz von Desinfektionsmitteln im Haushalt oder für unterwegs nimmt immer mehr zu. Doch die simpelste Methode gegen Krankheitserreger wird offenbar eher selten angewandt: Händewaschen. Dabei schützt nichts so einfach und effektiv vor Keimen wie die Reinigung der Hände mit Wasser und Seife: Untersuchungen zufolge lässt sich durch eine korrekt ausgeführte Handhygiene das Infektionsrisiko mit Viren und Bakterien um bis zu 99,9 % verringern. Der Grund: Rund 80 % aller ansteckenden Krankheiten werden über die Hände übertragen, mit denen wir im Durchschnitt 16 Mal pro Stunde unser Gesicht berühren. So gelangen die Keime durch Mund, Nase und Augen über die Schleimhäute in unseren Körper und entwickeln sich dort zur Infektion.

Um zu untersuchen, wie es um die Händehygiene der Deutschen bestellt ist, haben nun Studierende der Fakultät für Angewandte Psychologie der SRH Hochschule Heidelberg im Rahmen eines Experimentalpraktikums die Besucher mehrerer öffentlicher Toiletten in und um Heidelberg beobachtet. Dabei stellten sie fest, dass kaum jemand seine Hände nach dem Toilettengang richtig wäscht.

Die SRH-Studenten schauten 1 000 Toilettenbesuchern auf die Finger: Rund 7 % verzichteten gänzlich auf das Händewaschen, 27 % wuschen ihre Hände nur mit Wasser und rund 58 % benutzten Wasser und Seife, allerdings nicht mit der erforderlichen Gründlichkeit. Lediglich rund 8 % der Beobachteten reinigten ihre Hände in der Weise, wie es die Bundeszentrale für gesundheitliche Aufklärung empfiehlt, nämlich mindestens 20 Sekunden lang mit Wasser und Seife. Dabei sollten nicht nur die Handflächen, sondern auch die Fingerzwischenräume bedacht werden.

Auch zwischen den Geschlechtern bestand ein bedeutender Unterschied bei Händewaschen: Erschreckende 11 % aller Männer verzichteten komplett auf die Reinigung; bei Frauen waren es „nur“ 3 %. Mit Wasser und Seife, allerdings ohne Berücksichtigung der Intensität, rückten immerhin 82 % der untersuchten Frauen den Ansteckungskeimen auf den Leib. Bei den Männern waren es nur 51 %. Der Handkontakt mit Männern birgt also ein höheres Übertragungsrisiko. „Dieser Unterschied hat uns schon schockiert“, gestehen die SRH-Studenten.

Was hat das alles mit Kühlaggregaten und dem Schulsekretariat zu tun?

Nun, untersucht wurden in vorangeführter Studie das Verhalten von Erwachsenen nach einem Toilettengang. Es ist davon auszugehen, dass die Zahl der nicht richtig durchgeführten Händewaschungen bei Schulkindern wesentlich höher ausfällt. Diese Kinder fassen jeden Tag die Türklinke der Schulsekretariatstür an, sie benutzen Stifte der Schulverwaltungskraft, nehmen den Telefonhörer in die Hand etc. Es soll jetzt nicht ins Detail gegangen werden. Daher: Kommen wir zurück zu den Kühlakkus: Erlaubt ist zunächst einmal die Herausgabe von einmal zu benutzenden Coldpacks, die meist durch einen „Knick-Knack-Mechanismus“ eine Kühlung hervorrufen. Diese werden einmal benutzt und dürfen nach Nutzung durch den Schüler A nicht mehr an den Schüler B ausgegeben werden. Viele Schulen lehnen diese zugebenermaßen recht teuren „Einmalpacks“ aus Kostengründen ab.

Die zweite Möglichkeit ist das Hinzuziehen einer Kühlakkuzellstofftasche. In diese werden die „klassischen Kühlakkus“ nach vorheriger Desinfektion eingeführt und auf die Verletzung des Schülers gelegt. Nach Benutzung wird diese „Kühlakkuzellstofftasche“ wieder entfernt, der Kühlakku erneut desinfiziert und in den geeigneten Kühlschrank, der ausschließlich für diese Kühlakkus bestimmt sein muss (keine Nahrungsmittel!), gelegt.

Die günstigste Möglichkeit ist die Desinfektion eines Kühlakkus und das Umlegen eines sterilen Wundtuchs (in der Apotheke erhältlich).

Andere, wenn auch kreative Maßnahmen wie z. B. Eiswürfelbeutel in Mülltüten, Papierhaushaltstücher um Kühlaggregate oder ähnliches sind keine geeigneten Hygienemaßnahmen im Umgang mit Kühlaggregaten.

Logisch erscheint ein solch konsequenter Umgang mit diesen Kühlaggregaten schon. Beispiel: Das erste Kind fällt im Pausenhof auf das Steißbein, geht zur Schulverwaltungskraft und diese gibt dem Pausenkind das Kühlaggregat. Dieses legt diesen Kühlakku auf seine offene Wunde am Steißbein. Das Kind gibt der Schulverwaltungskraft daraufhin den Kühlakku zurück. Diese legt den Akku ohne Desinfektion in den Kühlschrank. Das nächste Schulkind hat Zahnschmerzen und bittet um Herausgabe des Akkus. Die Sekretärin gibt den undesinfizierten Kühlakku, welcher eben noch in der Hinternregion des ersten Schulkindes war, dem zweiten Schulkind. Dieses legt sich den Kühlakku an die Wange. Daraufhin gibt das zweite Schulkind den Akku der Sekretärin wieder zurück. Das nächste Schulkind war den ganzen langen Sommer-Schultag bei 36 Grad barfuß in Stoffturnschuhen und hat sich den Fuß überdreht. Der Kühlakku landet an der Ferse des dritten Schulkinds usw.

Stellt sich abschließend nun die Frage: Gibt es eine gesetzliche Grundlage für einen solch konsequenten Umgang mit den Kühlaggregaten?

Ja, die gibt es – und zwar genau seit 2001 durch Einführen des deutschen Infektionsschutzgesetzes.

Das Infektionsschutzgesetz (IfSG) trat am 1.1.2001 in Kraft und stellte das System der meldepflichtigen Krankheiten in Deutschland auf eine neue Basis. Das IfSG regelt, welche Krankheiten bei Verdacht, Erkrankung oder Tod und welche labordiagnostischen Nachweise von Erregern meldepflichtig sind. Weiterhin legt das Gesetz fest, welche Angaben von den Meldepflichtigen gemacht werden und welche dieser Angaben vom Gesundheitsamt weiter übermittelt werden:

„(1) Zweck des Gesetzes ist es, übertragbaren Krankheiten beim Menschen vorzubeugen, Infektionen frühzeitig zu erkennen und ihre Weiterverbreitung (von Bakterien, Krankheiten und Keimen) zu verhindern.

(2) Die hierfür notwendige Mitwirkung und Zusammenarbeit von Behörden des Bundes, der Länder und der Kommunen, Ärzten, Tierärzten, Krankenhäusern, wissenschaftlichen Einrichtungen sowie sonstigen Beteiligten soll entsprechend dem jeweiligen Stand der medizinischen und epidemiologischen Wissenschaft und Technik gestaltet und unterstützt werden. Die Eigenverantwortung der Träger und Leiter von Gemeinschaftseinrichtungen, Lebensmittelbetrieben, Gesundheitseinrichtungen sowie des Einzelnen bei der Prävention übertragbarer Krankheiten soll verdeutlicht und gefördert werden."

Umgesetzt werden soll (und wird bereits) das Infektionsschutzgesetz durch die von Bundesland zu Bundesland variierenden Rahmenhygienepläne für Schulen und Kindertagesstätten.

Exkurs: Coronauntersuchungen durch Schulsekretär:innen

Im Zuge der COVID-19-Pandemie trafen die Landesregierung Rheinland-Pfalz und das Bildungsministerium im Frühjahr 2021 Regelungen zur Testung von Schülerinnen und Schülern auf eine Infektion mit dem SARS-CoV-2-Virus. Diese beinhalteten den Einsatz von Antigen-Selbsttests an Schulen im gesamten Bundesland. Lehrkräften wurde dabei die dienstliche Aufgabe übertragen, die Durchführung dieser Tests organisatorisch zu begleiten. Dazu zählten die Vorbereitung und Nachbereitung der Testungen, die Anleitung der Schülerinnen und Schüler sowie deren Beaufsichtigung während des Selbsttests.

Gegen diese Anordnung erhob ein Gymnasiallehrer Einspruch. Zwar stellte er nicht die grundsätzliche Notwendigkeit der Tests infrage, äußerte jedoch Bedenken hinsichtlich Datenschutz, Haftung und der rechtlichen Grundlage der Maßnahme. Er argumentierte, die Weisung überschreite den durch die Dienstordnung definierten Aufgabenbereich einer Lehrkraft. Zudem sehe er als Risikopatient eine besondere Gefährdung seiner Gesundheit durch das erhöhte Infektionsrisiko.

Gerichtliche Entscheidung

Das Verwaltungsgericht Trier wies die Klage des Lehrers am 8. Februar 2022 (Az.: 7 K 3107/21.TR) ab. Es bestätigte, dass der Kläger verpflichtet sei, die Testdurchführungen der Schülerinnen und Schüler zu beaufsichtigen und sie gegebenenfalls anzuleiten. Auch wenn das Gericht anerkannte, dass eine Infektion mit dem Virus während der Tests nicht völlig ausgeschlossen werden könne und somit das Grundrecht des Klägers auf körperliche Unversehrtheit potenziell berührt sei, wurde die Maßnahme als rechtmäßig bewertet.

Testbeaufsichtigung als schulische Aufgabe

Nach Auffassung des Gerichts zählt die organisatorische Unterstützung des Schulbetriebs zum Aufgabenbereich einer Lehrkraft. Da die Tests durch die Schülerinnen und Schüler selbst vorgenommen werden und die Lehrerinnen und Lehrer lediglich eine betreuende und überwachende Funktion übernehmen, sei kein medizinisches Fachwissen erforderlich. Die körperliche Unversehrtheit des Klägers werde zudem nicht verletzt, da keine physische Interaktion mit den Schülern vorgesehen sei – dies wäre eine unzulässige Grenzüberschreitung.

Zumutbarkeit der Maßnahme

Das Gericht sah auch keine Verletzung der Fürsorgepflicht des Landes. Das vorhandene Testkonzept reduziere das Infektionsrisiko auf ein vertretbares Maß, das nicht über das allgemeine Risiko im regulären Unterricht hinausgehe. Datenschutzrechtliche Bedenken wies das Gericht ebenfalls zurück. Die Erhebung und Verarbeitung gesundheitsbezogener Daten sei im Kontext der Pandemiebekämpfung zulässig, um den Präsenzunterricht und damit die schulische Bildung möglichst aufrechtzuerhalten.

(Quelle: https://lo-recht.lehrer-online.de/schulrecht/fall-des-monats/artikel/fa/corona-tests-an-schulen-beaufsichtigung-durch-lehrkraefte/)

In Frage kam, um Lehrkräfte zu entlasten an manchen Schulen auch die Schulverwaltungskraft, die insbesondere bei kleinen Kindern die Testung selbst am Kind vornahm und diese Testungen beobachtete und begleitete.

Es ist darauf hinzuweisen, dass eine Untersuchung des Kopfes (im Sinne eines Absuchens mit Körperkontakt) von Schülern selbst durch Lehrkräfte ohne Einwilligung der betreffenden Eltern nicht zulässig ist. Dies folgt aus dem Grundrecht des Kindes auf körperliche Unversehrtheit aus Art. 2 Abs. 1 GG (das Absuchen stellt einen Eingriff in dieses Grundrecht dar).

Eine körperliche Untersuchung darf in der Schule – aus demselben rechtlichen Grund – auch nicht durch schulisches Unterstützungspersonal (zum Beispiel sozialpädagogisches oder schulpsychologisches Personal, Schulverwaltungskraft, Hausmeister) erfolgen. Ebenso ist eine Untersuchung auf eine Covid-Erkrankung bei Schülerinnen und Schülern durch andere Eltern nicht zulässig; dieses gilt auch dann, wenn diese anderen Eltern Mitglied eines schulischen Mitwirkungsgremiums sind.

Praxistipp: Handout an die Eltern
Einverständniserklärung für die Durchführung eines Antigen-Schnelltests zur COVID-19-Verdachtsfallabklärung an der Schule

HINWEIS: Ein Antigen-Schnelltest kann nur unter der Voraussetzung durchgeführt werden, dass die zu testende Person bzw. – bei Schulkindern bis zum vollendeten 14. Lebensjahr – der/die Erziehungsberechtigte zustimmt. Diese Einwilligung gilt für den Test, und die Verarbeitung der Daten im Zusammenhang mit dem Test und seiner Befundung.
Ein Widerruf dieser Einverständniserklärung ist jederzeit mit Wirkung für die Zukunft möglich (postalisch, per E-Mail oder Fax an die Schule). Durch den Widerruf der Einverständniserklärung wird die Rechtmäßigkeit der aufgrund der Einwilligung erfolgten Maßnahmen und Datenverarbeitung nicht berührt. Ein Widerruf betrifft nicht die Vornahme von Testungen durch die Gesundheitsbehörde.
Vor- und Zuname der zu testenden Person:

____

Wohnadresse: ____

Telefonnummer/E-Mail-Adresse ______________________________

(der/des Erziehungsberechtigten) für die Befundauskunft:

Ich

o willige ein,

o willige nicht ein,

dass im Verdachtsfall auf eine COVID-19-Erkrankung bei mir oder meinem unter 14-jährigen Kind ein Nasen-Rachen-Abstrich (über den Rachen oder die Nase) von geschultem Fachpersonal durchgeführt wird.

_______________, __________

Ort Datum

____

Unterschrift der zu testenden Person ab 14 Jahre bzw. der gesetzlichen Vertreterin/des gesetzlichen Vertreters

____

Name (in Blockbuchstaben)

____

16. Fall: Das Handy im Schulsekretariat

Ein Schüler spielt während des Unterrichts die ganze Zeit mit seinem Handy herum. Der Lehrer nimmt dem Schüler daraufhin das Handy ab, steckt es in seine Jeans und sagt an diesem Dienstag, während der zweiten Stunde: „Du kannst Dir das Handy am Freitag wieder im Schulsekretariat abholen." Der Lehrer gibt das Handy der Schulsekretärin, diese hat hierfür einen Schuhkarton, in dem die abgenommenen Handys, versehen mit den Namen der Schüler, zusammengelegt und gelagert werden. Dieser Karton kommt in den Schultresor. Am darauffolgenden Tag, Mittwoch, kommt der Schüler mit einem zweiten Zeugen ins Sekretariat und bittet die Herausgabe seines Handys. Die Schulsekretärin lehnt dies ab und sagt: „Nein, das bekommst Du erst am Ende der Woche!" Der Vater schaltet daraufhin einen Anwalt ein, der sofort per Fax die notfalls zwangsweise erfolgende Aushändigung des Handys durch die Schulsekretärin fordert. Die Sekretärin lehnt die Herausgabe weiterhin ab. In der Nacht von Donnerstag auf Freitag wird in der Schule eingebrochen und der Tresor geknackt. Die Eltern der Kinder fordern Schadensersatz i. H. v. 4.000 Euro bei dem Schulträger, dem Arbeitgeber der Schulsekretärin.

Die überwiegende Mehrheit der Juristen ist der Ansicht, dass Schulen die Handynutzung zumindest unter bestimmten Bedingungen und in bestimmten Situationen verbieten können. Das muss allerdings in einem vernünftigen Rahmen geschehen. Ganz überwiegend als unzulässig betrachtet werden dagegen Verbote, die darüber hinausgehen und etwa schon das bloße Mitführen eines Handys untersagen würden. Allgemein anerkannt ist zunächst, dass Schulen nicht nach bloßem Belieben eigene Regeln aufstellen dürfen. Sie brauchen dafür eine gesetzliche Grundlage und müssen dem Grundsatz der Verhältnismäßigkeit folgen. Die Schulgesetze der Bundesländer bilden eine solche Grundlage, machen aber zumeist nur allgemeine Vorgaben: Schulen können in einer Schulordnung festlegen, welche Maßnahmen sie vorsehen, um ihre Aufgaben in der Erziehung und beim Unterricht zu erfüllen. Dazu kann es auch gehören, die Handynutzung einzuschränken. Hier setzt häufig Streit zwischen den Beteiligten an: Wie weit darf es untersagt werden, das Handy zu benutzen und was folgt bei Verstößen? Da ein Handyverbot auch Grundrechte der Schüler wie die freie Persönlichkeitsentfaltung und das Eigentumsrecht berühren kann, muss es verhältnismäßig sein. Zusätzlich haben die Eltern gegebenenfalls ein berechtigtes und dann auch zu berücksichtigendes Interesse daran, ihre Kinder auf dem Handy erreichen zu können.

Eine eindeutige Tendenz unter Juristen, wie weit die Handynutzung reguliert werden darf, lässt sich derzeit kaum ausmachen: So sieht etwa Baden-Württembergs Kultusministerium auch Verbote als gerechtfertigt an, das Handy in der Pause zu benutzen. Es bleibe aber Sache der Schule, einzelne Regelungen zu erlassen, solange sie mit dem Erziehungs- und Bildungsauftrag begründet werden können.

Eine spezielle landesweite Regelung gibt es in Bayern. Hier ist die private Handnutzung an Grundschulen sowie den Grundschulstufen an Förderschulen generell ausgeschlossen. An weiterführenden sowie beruflichen Schulen entscheiden die Schulen selbst über Art und Umfang der Handynutzung (Art. 56 des Bayerischen Gesetzes über das Erziehungs- und Unterrichtswesen). Die anderen Bundesländer überlassen konkrete Regelungen den Schulen.

Sonderfall Prüfung: Handy mitbringen kann bereits verboten sein

Strengere Regeln gibt es zumeist bei förmlichen Prüfungen. Für diese wird häufig festgelegt, dass Schüler ihre Handys am Lehrerpult oder anderswo hinterlegen müssen und schon ein mitgeführtes Handy als Täuschungsversuch gewertet werden kann. Auch hier kommt es auf den Einzelfall und darauf an, was die Schul- und Prüfungsordnung sowie die Schulgesetze der Länder im Detail sagen. Für die Schule kann bei Täuschungsversuchen ein „Anscheinsbeweis“ ausreichen. Das bedeutet: Die Schule darf von einem Täuschungsversuch ausgehen, wenn das Handeln eines Schülers typische Merkmale dafür aufweist. Ist der Schüler anderer Meinung, muss er zeigen, dass sein Fall untypisch ist – er also nicht täuschte, obwohl es den Anschein hatte.

Einem Urteil des Verwaltungsgerichts Karlsruhe zufolge kann es im Prinzip bereits ausreichen, ein Handy nur dabei zu haben, damit eine Prüfung mit „ungenügend“ bewertet werden kann. Das gilt jedenfalls dann, wenn die Prüfungsordnung eine solche Konsequenz für „unerlaubte Hilfsmittel" vorsieht. Im konkreten Streit hatte eine Schülerin ihr angeschaltetes Handy bei einer mündlichen Prüfung in einem Beutel im Raum liegen gelassen. Weil die Schule aber vor der konkreten Prüfung nicht noch einmal klar auf das Verbot hingewiesen hatte, sei eine spätere Bewertung mit „ungenügend" im konkreten Fall unverhältnismäßig gewesen. Die Schule musste die Note wieder ändern.

Dürfen Lehrer den Schülern Handys wegnehmen?

Die Schulgesetze der Bundesländer machen dazu unterschiedliche Vorgaben: Manche sehen eine „zeitweise Wegnahme von Gegenständen" ausdrücklich im Katalog der erlaubten Erziehungsmaßnahmen vor, andere machen nur sehr allgemeine Vorgaben und erlauben es den Schulen, besondere Regelungen dafür aufzustellen. Hier hängt es dann davon ab, was die jeweilige Schulordnung vorsieht. Im Ergebnis wird ein Lehrer befugt sein, das Handy einzuziehen, wenn es den Unterricht stört. Für Streit sorgen dabei die konkreten Modalitäten: Wie lange darf die Schule das Handy einbehalten, an wen ist es zurückzugeben? Gibt es keine konkrete Regelung, lässt sich aus dem Grundsatz der Verhältnismäßigkeit ableiten, dass die Schule das Handy normalerweise dann zurückgeben muss, wenn es definitiv nicht mehr stört und damit der Anlass für das Einziehen entfallen ist. Als erzieherische Maßnahme kann es im Einzelfall erlaubt sein, das Handy darüber hinaus einzubehalten. Einig ist man sich jedoch, dass eine dauerhafte Wegnahme nicht zulässig ist. Ebenso klar ist, dass ein längeres Einbehalten nicht den Charakter einer bloßen Strafmaßnahme erlangen darf. Dazu ist ein Lehrer nur unter klar definierten Bedingungen befugt. Teilweise haben einzelne Bundesländer näher bestimmt, dass weggenommene Gegenstände in der Regel am Ende des Unterrichtstags zurückgegeben werden müssen. Das Land Bayern hat festgelegt, dass ein Handy „vorübergehend einbehalten" werden darf, aber nicht, wie lange „vorübergehend" ist. Die Entscheidung darüber liegt folglich im Ermessen des Lehrers. Manche Juristen sind auch der Ansicht, dass Aufbewahrungsfristen generell unzulässig sind und das Handy einem Schüler persönlich zurückgegeben werden muss – im Unterschied etwa zu gefährlichen Gegenständen wie Messern, die häufig nur an die Eltern zurückgegeben werden. Ein klares Meinungsbild ist hier jedoch nicht auszumachen, was wohl der unterschiedlichen Handhabung an den Schulen entspricht. Wenn ein Schüler das Handy nicht aushändigen will, kann die Schule etwa den Schüler vom Unterricht ausschließen oder eine Mitteilung an die Eltern erwägen. Sind Eltern oder Schüler mit den Regelungen an ihrer Schule unzufrieden, können sie sich in die Diskussion darüber einbringen, nach einer konkreten Regelung durch die Schulkonferenz fragen und diese dort oder auf der Elternversammlung ansprechen.

Die Entgegennahme und Lagerung von Handys im Schulsekretariat

Um die Komplexität dieser oben genannten rechtlichen Grauzonen zu umgehen, sagen die Personalverantwortlichen der Schulen zu Recht: Das Schulsekretariat ist kein geeigneter Ort für die Entgegennahme von Wertgegenständen! Für Fundsachen ist z. B. der Hausmeister zuständig, aber nicht die Schulverwaltungskraft. Auch die KGSt zieht eine klare Trennungslinie zwischen den pädagogischen Aufgaben der Lehrkräfte (die Wegnahme eines Handys ist eine disziplinarische, ergo: pädagogische Aufgabe!) und den klassischen Verwaltungsaufgaben der beim Schulträger beschäftigten Schulverwaltungskräfte.

Zusammenfassung:

Eine gesetzliche, schulgesetzliche Grundlage für ein Handyverbot gibt es nicht. Die Frage, ob Handys im Einzelfall abgenommen werden können, bestimmt sich nach allgemeinen Regeln – bspw. als **erzieherische Einwirkung**, wenn jemand das Handy unbefugt verwendet.

Was im Einzelfall verboten ist, bestimmt nach alledem die Schule selbst – allerdings im verhältnismäßigen Rahmen:

- Das Mitbringen von Handys ist nicht verboten.
- Die Verwendung des Handys während der Schulzeit kann allerdings verboten werden.
- Für den Notfall muss aber die Benutzung des Handys zugelassen werden (bspw. weil Stunden ausfallen und der Schüler früher heimkommt).
- Wenn das Handy weggenommen wurde, muss es dem Schüler am Ende des Schultags auch wiedergegeben werden.
- Das Schulsekretariat ist kein geeigneter Ort für die Aufbewahrung von Wertgegenständen der Schüler, daher ist die Entgegennahme eines Schülerhandys durch die Schulverwaltungskraft abzulehnen.

TIPP:

- Besprechen Sie mit Ihrer Schulleitung die rechtliche Grauzone Handyabnahme.
- Machen Sie dem Schulleitungsteam deutlich, dass die Wegnahme des Handys eine erzieherische, ergo Lehreraufgabe, ist.
- Lehnen Sie die Entgegennahme von Schülerhandys an Sie als Schulverwaltungskraft entschieden ab.
- Sollten sich Lehrer und Schulleitung weigern, Ihren Wünschen nachzukommen, verwenden Sie das im Anhang befindliche Formblatt „Entgegennahme von Handys“ und lassen Sie sich dies von Schulleitung/Lehrern unterschreiben.
- Geben Sie dem Schüler das Handy am Ende seines Unterrichtstags wieder zurück, ein längeres Einziehen des Eigentums ist juristisch nicht gedeckt.
- Aufpassen: Sobald Sie das Handy eines Schülers entgegennehmen, sind auch Sie für die sichere Verwahrung verantwortlich (falls Sie ergo einen großen Riss auf dem Display wahrnehmen, sollten Sie diesen der Schulleitung/anderen Lehrkräften zeigen, um sich abzusichern. Oder: Machen Sie ein Foto unter Zeugen von dem Riss).

Formulare
Dienstanweisung und Vereinbarung zur Handyabnahme

Dienstanweisung des Schulleiters:
Hiermit erkläre ich als Schulleiter(in), dass Schulkindern bei Bedarf als **pädagogische Maßnahme** Handys kurzfristig entzogen werden können. Diese werden im Schulsekretariat bei Frau/Herrn ____________ (Schulverwaltungskraft) gelagert. Es ist mir bewusst, dass weder der entziehende Lehrer noch ich als Schulleitung oder die Schulverwaltungskraft Eigentümer(in) des Handys ist. Eigentümer(in) des Handys ist und bleibt der Schüler/die Schülerin. Ich als Schulleiter(in) ________________ (Schulleiter/in) stelle hiermit ausdrücklich bezüglich des kurzfristigen Entzugs dieses Eigentums die entgegennehmende Schulverwaltungskraft **von jeglichen Haftungsansprüchen** der Eltern, der gesetzlichen Vertreter, des abnehmenden Lehrers oder des Kindes **frei**. Dies gilt insbesondere für die Beschädigung der Handys an sich, Displayschäden, Verlust, Diebstahl oder für sonstige anfallenden Kosten, die durch die Entgegennahme und Verwahrung entstehen können.

Ort: ______________________________

Datum: ___________________________

Schulleiter(in): ________________________ (Name in Druckschrift)

Unterschrift Schulleiter(in): ______________________________

- -

Vereinbarung

Handyabnahme und Verwahrung Lehrer/Schulverwaltungskraft:

Hiermit erkläre ich, Lehrer(in) ____________________, dass ich heute dem Schüler/der Schülerin ____________________ **als reine pädagogische, erzieherische Maßnahme** das Handy entzogen habe. Dieser Entzug des Eigentums soll bis zum ____________________ (Datum), ____________ (Uhr) erfolgen. Das Handy wird im Schulsekretariat bei Frau/Herrn ____________ (Name) gelagert. Dies ist auch mit der Schulleitung so abgesprochen, was ich als Lehrer hiermit versichere. Es ist mir als Lehrer bewusst, dass weder ich noch die Schulleitung oder die Schulverwaltungskraft Eigentümer(in) des Handys ist. Eigentümer(in) des Handys ist und bleibt der Schüler/die Schülerin. Ich als Lehrer(in) stelle hiermit ausdrücklich bezüglich des kurzfristigen Entzugs dieses Eigentums die entgegennehmende Schulverwaltungskraft **von jeglichen Haftungsansprüchen** der Eltern, der gesetzlichen Vertreter oder des Kindes **frei**. Mir als Lehrer ist bewusst, dass ich aufgrund der aktuellen und hiesigen Rechtsprechung selbst für alle Folgen dieses pädagogischen Entzugs hafte. Dies gilt insbesondere für die Beschädigung der Handys an sich, Displayschäden, Verlust, Diebstahl oder für sonstige anfallenden Kosten, die durch die Entgegennahme und Verwahrung entstehen können. Ich persönlich hafte für diese pädagogische Maßnahme.

Ort: ______________________________

Datum: ____________________________

Lehrkraft: ________________________ (Name in Druckschrift)

Unterschrift Lehrer(in): ________________________________

17. Fall: Bauchfrei in der Schule

In einer Kleinstadt in Mecklenburg-Vorpommern wurde eine 13-jährige Schülerin des Unterrichts verwiesen, weil sie ein bauchfreies Oberteil trug. Während solche Kleidung in den Sommermonaten noch toleriert wurde, kam es mit dem kühleren Wetter vermehrt zu Kritik aus dem Kollegium. In der Folge wurde die Schulordnung überarbeitet und um eine Regelung ergänzt, die „übertrieben freizügige Kleidung" untersagt. Die Schulleitung erklärte die Anpassung mit dem Hinweis, dass zu freizügige Kleidung sowohl Mitschüler als auch Lehrkräfte im Unterricht ablenken könne.

Im oben genannten Fall entschloss sich die Mutter der Schülerin, einer weiteren Eskalation aus dem Weg zu gehen, und meldete ihre Tochter an einer anderen Schule an. Der Vorfall löste eine landesweite Debatte in Mecklenburg-Vorpommern über angemessene Schulkleidung aus. Das Bildungsministerium in Schwerin sah allerdings keinen Anlass, regulierend einzugreifen. Einen landesweiten Dresscode gibt es weder dort noch in anderen Bundesländern.

Eine Ausnahme bildet Baden-Württemberg, wo das Tragen von Baseballkappen untersagt ist. Der Grund: Der Schirm könne den Blickkontakt zwischen Lehrenden und Lernenden behindern und somit das Abschreiben während Klassenarbeiten erleichtern.

In anderen Bundesländern liegt die Entscheidung über eine Kleiderordnung bei den einzelnen Schulen. Die zuständigen Ministerien betonen, moderne Kleidung sei Teil der Jugendkultur. Eltern sollten jedoch ein Auge darauf haben, in welchem Outfit ihre Kinder die Schule besuchen. Manche Bildungseinrichtungen untersagen Kleidung mit bestimmtem Symbolcharakter, etwa Springerstiefel, Bomberjacken oder Tarnhosen.

In Hessen beispielsweise ist bauchfreie Kleidung im Schulalltag grundsätzlich erlaubt. Eingriffe erfolgen nur in Extremfällen – etwa bei vollständig durchsichtigen Shirts.

Auch in Sömmerda, Thüringen, versuchte eine Regelschule zu Beginn eines neuen Schuljahrs, bauchfreie Kleidung zu untersagen. Die

Schulleitung informierte die Schülerinnen und Schüler kurz nach den Sommerferien über die neue Regelung – was teils heftige Reaktionen hervorrief. Laut Schulleiterin habe es im Vorfeld Mobbing aufgrund der Kleidung einzelner Jugendlicher gegeben. Die Lehrerkonferenz beschloss daraufhin eine neue Kleiderordnung: Der Körper sollte „von der Schulter bis zur Mitte des Oberschenkels" stets bedeckt sein. Dies geschehe im Sinne des Kinderschutzes.

Ein Sprecher des Thüringer Bildungsministeriums erklärte, ihm seien keine weiteren ähnlichen Fälle im Bundesland bekannt. Eine landesweite Empfehlung zur Schulkleidung existiere nicht. Die Regelung liege in der Verantwortung der Schulen – wichtig sei dabei jedoch, die Persönlichkeitsrechte der Schüler zu achten. Symbolik verfassungswidriger Organisationen sei selbstverständlich nicht zulässig.

Im Jahr 2023 sorgte die Sekundarschule Wermelskirchen in Nordrhein-Westfalen für Aufsehen, als sie Jogginghosen im Unterricht verbieten wollte. Die Schulleitung kündigte in einem Elternbrief an, Schüler:innen mit unangemessener Kleidung künftig nach Hause zu schicken, damit sie sich umziehen und in „angemessener Kleidung" dem Unterricht beiwohnen.

Juristen äußerten schnell Zweifel an der rechtlichen Grundlage dieses Vorgehens, ein individuelles Kleidungsverbot habe keine rechtliche Basis. Das nordrhein-westfälische Schulgesetz lasse nur Empfehlungen durch die Schulkonferenz zu – mehr jedoch nicht. Ein Ausschluss vom Unterricht wegen einer Jogginghose sei somit unzulässig und verletze das Recht auf Bildung.

Quellen:

https://www.dw.com/de/bauchfrei-in-der-schule/a-335448
https://www.spiegel.de/panorama/bildung/soemmerda-bauchfrei-verbot-an-schule-wird-erst-mal-zurueckgenommen-a-538a74e5-ea5a-4c3f-9885-a40bac54f26f

18. Fall: Die Entführung im Schulsekretariat

Während der zweiten Unterrichtsstunde ruft ein Mann im Schulsekretariat an und bittet darum, seine Tochter von der Teilnahme an den restlichen Unterrichtsstunden des Tages zu befreien, da er mit ihr durchreisende Verwandte vom Flughafen abholen wolle. Die Schulsekretärin informiert die Klassenlehrerin, die dem Mädchen gestattet, die Unterrichtsstunde zu verlassen. Die informierte Klassenlehrerin fordert das Kind auf, zur vierten Stunde wieder da zu sein, um eine Arbeit mitschreiben zu können. Anschließend begleitet sie die Schülerin zum Südausgang der Schule. Die Schülerin geht zur Straße und wird von dem dort wartenden Auto entführt und später gegen ein Lösegeld freigelassen. Die Eltern des Kindes fordern vom Land Schadensersatz wegen Verletzung der schulischen Aufsichtspflicht.

Schauen wir uns hierzu zunächst einen Auszug aus dem originalen Gerichtsurteil an: *„Es ist zu klären, ob eine generelle Verpflichtung der Schule besteht, die Identität eines Anrufers festzustellen, der die Beurlaubung eines Kindes vom Unterricht beantragt. Eine solche Rückruf- bzw. Rücksprachepflicht kann sich z. B. ergeben, wenn die Eltern des Schulkindes im Rahmen eines Scheidungsverfahrens über die Ausübung des Sorgerechts streiten oder wenn die Eltern des Kindes in einer exponierten Position in der Öffentlichkeit stehen."*

Das heißt konkret, es gibt zwei Sorgfaltspflichten für Schulverwaltungskräfte: Sollten Sie als Schulverwaltungskraft Kinder bei sich an der Schule haben, deren Eltern in sog. „exponierter Position in der Öffentlichkeit stehen" (ergo ein Elternteil eines Kindes ist Bundestagsabgeordneter, Landtagsabgeordneter, Ministerpräsident, Oberbürgermeister etc.), dann hätten Sie die Pflicht, diesem Anrufer nicht direkt eine Auskunft am Telefon zu geben. Vielmehr müssten Sie diesem Anrufer mitteilen: „Moment, ich rufe Sie direkt zurück!" Anschließend müssten Sie auf dem Aufnahmebogen schauen, welche Notfalltelefonnummern auf dem Bogen hinterlegt worden sind, und (im obigen Fall) solange die hinterlegte Notfallnummer des Vaters zurückrufen, bis Sie belegen können, dass der vermeintliche Anrufer auch mit der hinterlegten Nummer auf dem Bogen übereinstimmt. Die zweite Rücksprachepflicht ist viel interessanter: Sollten Sie Eltern bei sich haben, die sich in einem laufenden Trennungs- bzw. Scheidungsverfahren befinden, und die Frage des Umgangs-, Sorge-, und/oder Aufenthaltsbestimmungsrechts strittig ist, hätte die Schulverwaltungskraft ebenso die Pflicht, erst Rücksprache mit dem zuständigen Klassenlehrer zu halten, bevor diese Informationen an einen Elternteil weitergibt.

Jetzt wird man sich im Sekretariat zu Recht fragen: „Das ist ja gut und schön, aber es kommt doch in den wenigsten Fällen vor, dass uns die betreffenden Eltern direkt am nächsten Tag darüber informieren, dass diese sich getrennt haben o. ä.!“

Schauen wir uns hierzu die Schulgesetze der Bundesländer an. In diesen steht mehrheitlich, dass Eltern verpflichtet sind, im Rahmen der Zusammenarbeit Daten, Informationen, die die Eltern oder das Kind im Bezug zur Schule tangieren, mitzuteilen.

Zunächst blicken wir nach Rheinland-Pfalz und in das dortige Schulgesetz. Hier steht zu den Elternpflichten:

- gemeinsamer Erziehungs- und Bildungsauftrag (§ 2 Abs. 3 SchulG): Die gemeinsame Erziehungsaufgabe verpflichtet zu vertrauensvollem und partnerschaftlichem Zusammenwirken mit der Schule.
- Unterrichtungspflicht (§ 2 Abs. 3 und 6 SchulG): Die Eltern sind verpflichtet, die Schule in allen für das Schulverhältnis bedeutsamen Fragen, insbesondere über besondere Umstände, die die schulische Entwicklung des Kindes beeinflussen, zu unterrichten.

Das heißt konkret: Mutter X und Vater Y haben sich getrennt. Wenn diese der Klassenlehrerin nicht Bescheid geben, dass diese sich gerade getrennt haben, kann die Klassenlehrerin diese Information auch nicht an die Schulverwaltungskraft weitergeben. Dann gilt für die Schulverwaltungskraft das, was ursprünglich auf dem Aufnahmebogen seitens der Eltern hinterlegt wurde.

Zweiter Fall: Die Eltern teilen die Unstimmigkeit bezüglich des Sorgerechts der Lehrerin mit, diese teilt dies allerdings nicht der Schulverwaltungskraft mit, dann kann die Schulverwaltungskraft diese Unstimmigkeit auch nicht kennen. Auch dann gilt der angegebene Zustand, den die Eltern beim Aufnahmeverfahren benannt haben. Nur wenn die Klassenlehrerin persönlich der Schulverwaltungskraft mitteilt: „Achtung, passen Sie auf bei den Eltern XY. Diese streiten sich gerade erheblich über das Sorgerecht gegenüber deren Schulkind z. Wenn die Eltern von Z anrufen und eine Auskunft möchten, dann halten Sie bitte Rücksprache mit mir!“, dann darf die Schulverwaltungskraft ohne Rücksprache keine Informationen an die Eltern weitergeben.

Im vorangegangenen Fall wurden die zwei Sorgfaltspflichten der Schulverwaltungskraft beschrieben. Es gibt allerdings noch eine dritte Sorgfaltspflicht, die aus nachfolgendem Fall deutlich wird:

Ein Schüler ist erkrankt und soll von seinen Eltern abgeholt werden. Er kommt ins Sekretariat und die Schulverwaltungskraft versucht die Notfallnummern der Eltern zu erreichen. Niemand geht an das Telefon. Daraufhin sucht sie im Telefonbuch nach weiteren Personen mit dem gleichen Nachnamen im Ort und findet den Anschluss des Großvaters des Kindes. Vorgeschichte: Dieser ist wegen pädophilen Handlungen vorbestraft. Die Eltern des Kindes haben keinen Kontakt mehr mit diesem Großvater. Das weiß die Schulverwaltungskraft leider nicht. Sie bittet daher diesen Großvater, das Kind abzuholen. Daraufhin ist das erkrankte Kind zwei Stunden mit dem Großvater alleine.

Die drei Sorgfaltspflichten für Schulverwaltungskräfte zusammengefasst:

1. Zu Kindern, deren Eltern sich in „**exponierter Position in der Öffentlichkeit** befinden“ (ein Elternteil ist z. B. Oberbürgermeister, Landrat, Bundestagsabgeordneter oder aus anderen Gründen prominent) dürfen bei Anrufen nicht direkt Auskünfte gegeben werden. Rufen Sie stattdessen die zum Kind hinterlegten Notfallnummern an, sodass belegt werden kann , dass der vermeintliche Anrufer auch tatsächlich mit der hinterlegten Nummer übereinstimmt.
2. Wenn sich Eltern in einem **laufenden Trennungsverfahren** befinden und die Frage des Aufenthaltsbestimmungs-, Umgangs-, oder Sorgerechts strittig ist, und der Klassenlehrer Ihnen das auch so mitgeteilt hat, dürfen Sie beiden Elternteilen keine Auskunft geben, sondern müssen Rücksprache mit dem Klassenlehrer halten.
3. Sobald Sie Schulkinder, die unter dem Schutz des Staates stehen, **Dritten in Ihrem Hohheitsbereich (Schulsekretariat, Flur etc.)**

übergeben, müssen Sie auch vor Gericht beweisen können, dass die Person abholberechtigt war.

Praxistipp:

Abholberechtigung (jedes laufende Schuljahr zu aktualisieren)
Hiermit teilen wir ______________________ (Sorgeberechtigte des Kindes) der Schule mit, dass unser Sohn/unsere Tochter durch nachfolgend benannte Personen bei Unterrichtsausfall, im Krankheitsfall o.ä. nach Ausweisvorlage abgeholt werden darf.

Name des Abholberechtigten	Beziehungsgrad zum Kind	Aktuelle Notfallnummer

Unterschrift von beiden Sorgeberechtigten:

____

19. Fall: Theorie und Praxis Teil 1 – Kein Anschluss unter dieser Nummer

An einer Schule in Rheinland-Pfalz gibt es Eltern, die täglich ihre Prepaid-Handykarten wechseln: Ist die Telekom-Karte mit 15 Euro Aufladeguthaben verbraucht, wird ersatzweise die O2-Telefonkarte eingelegt, auf der sich noch 4 Euro Restguthaben befinden. Ist diese aufgebraucht, kommt die Ersatzkarte des Partners in das Handy usw. Konsequenz: Die auf dem Aufnahmebogen ursprünglich hinterlegten Notfallnummern sind im Bedarfsfall oft nicht aktuell. Die Schulleiterin bestätigt an dieser Schule, dass es auch Eltern gebe, die, so scheint es, „ebenso häufig wie diese ihre Telefonkarte auch ihre Partner wechseln.“ Was diese dem Schulsekretariat und/oder Lehrkräften natürlich oft auch nicht oder verspätet mitteilen. Hier kam es des Öfteren schon zu Vorfällen wie: „Ja sagen Sie mal, Frau Schulleiterin, das hätte die Schulsekretärin doch meinem Ex-Mann Stefan gar nicht mehr mitteilen dürfen! Ich lebe doch schon seit einem halben Jahr mit Andreas zusammen!“

Kennen Sie solche Fälle, solche Unstimmigkeiten als Schulverwaltungskraft?

Viele Schulen haben auf diese der Technisierung geschuldeten Veränderungen reagiert und eine sog. Veränderungsanzeige entworfen. Sehr gut erweist sich in der schulischen Praxis, sich den Erhalt einer solchen Veränderungsanzeige von den Eltern „quittieren“ zu lassen und in einen individuellen Aufnahmebogen zu integrieren.

Formular Veränderungsanzeige

Zum Beispiel:

„**Veränderungsanzeige: Uns als Eltern ist laut Schulgesetz bewusst, dass wir sämtliche Änderungen nach dem Aufnahmedatum unverzüglich der Schulleitung, dem Klassenlehrer oder dem Schulverwaltungsteam mitteilen müssen.** Ich verpflichte mich daher, sämtliche Veränderungen bezüglich Telefon-, Notfallnummern, Anschriftenänderungen, Namensänderungen, Sorgerechtsänderungen mittels der mir ausgehändigten Veränderungsanzeige **umgehend nach einer der o. g. Änderungen** in der Schule bekannt zu geben.

__________, den __________ ______________________________

(Unterschrift des/der Erziehungsberechtigten)“

Auf diese Veränderungsanzeige müssen die Eltern dann im Bedarfsfall nicht viel eintragen, außer:

Veränderungsanzeige

Name des Kindes: ______________ Klasse/Lehrkraft: ______________

O Folgende Telefon-/Notfall-Nummer bitte löschen: ______________

O neue Notfall-Telefonnummer: ______________________________

O neue Telefonnummer auf der Klassenliste: ______________________

O Namensänderung des Kindes/der Erziehungsberechtigten ab:

____

Neu: ____

O Sorgerechtsänderung: Bitte mit speziellem Formular dem Schulsekretariat melden!

O Anschriftenänderung ab: ____________________

Neu: ____

O Abmeldung von der Grundschule xxxx zum: ______________

Neue Schule: ______________________________________

Datum: __________ Unterschrift/en: ______________________

Wichtig ist nun, die Eltern nach Aushändigen dieses oben angefügten Bogens darauf hinzuweisen, dass diese sich verpflichten, sämtliche Änderungen unverzüglich dem Klassenlehrer/de r Schulleitung/dem Schulsekretariat mitzuteilen und diesen im Aufnahmebogen aufgenommenen Passus zu unterschreiben.

Wie Sie aus Fall 9 wissen, ist die Schule nicht verpflichtet, das Schulgesetz, Aufnahmebögen oder Einverständniserklärungen der Eltern in alle Herkunftssprachen aller Schüler zu übersetzen. Das Schulgesetz gilt für alle Eltern, deren Kinder Schulen des jeweiligen Bundeslandes besuchen. Verstehen die Eltern diese Formulare nicht, steht die Schule nicht in der Pflicht, einen Übersetzer zu stellen. Dies ist, wie in Fall 9 erkennbar, Aufgabe des Schulträgers bzw. Aufgabe der immigrierten Eltern, sich um einen Übersetzer während der Dolmetschersprechstunden (z. B. im Flüchtlingsheim) zu bemühen. Die Schulverwaltungskraft kann daher ohne Weiteres solche Formulare aushändigen und sich solcher Hilfen im Schulalltag bedienen.

Das oben beigefügte Dokument „Veränderungsanzeige" bzw. die durch die Eltern erteilte Unterschrift, eine solche Veränderungsanzeige erhalten zu haben, sichert die Schulverwaltungskraft vor dem Argument ab: „Das hätte die Sekretärin doch wissen müssen!" Vielmehr werden die Eltern hier an ihre Bringschuld erinnert, solche Veränderungen dem Schulteam gegenüber mitzuteilen.

20. Fall: Theorie und Praxis Teil 2 – Ich habe heute meinen freien Tag

An der gleichen Schule (wie im vorangegangenen Fall) in Rheinland-Pfalz gibt es Inklusionsklassen, d. h. Schüler mit chronischen Erkrankungen werden zeitgleich mit „gesunden" Kindern unterrichtet. In einer Klasse dieser Schule gibt es ein Schulkind, welches eine Anfallserkrankung hat. Die Eltern dieses Kindes baten die Schule, im Fall eines Anfalls „bitte nicht direkt einen Krankenwagen oder Notarzt zu rufen", sondern vielmehr die Eltern zu verständigen. Diese würden „unverzüglich" zur Schule kommen und das Kind versorgen. Leider funktioniert jedoch in der Praxis dieses Elternmodell nicht. Auch bei Notfällen anderer Schulkinder, bei denen die Schulsekretärin Eltern anruft, gehen diese nicht ans Telefon oder kommen mit Ausreden; wieder andere Eltern holen ihre Kinder zu spät von der Schule ab oder lassen diese stundenlang nach Unterrichtsende auf dem Schulgelände warten. Sollen Kinder ins Krankenhaus transportiert werden und den Eltern muss dieser Vorgang mitgeteilt werden, sind diese oft nicht erreichbar. Andere Kinder erscheinen morgens nicht zur Schule und die Schulsekretärin, selbst Mutter zweier Kinder, hat dann immer die Sorge, dem Kind könnte etwas zugestoßen sein.

Eltern sind verpflichtet, bestimmte Notfallnummern anzugeben. Eltern müssen in Notfällen erreichbar sein, können aber selbstverständlich auch (vorher schriftlich zu benennende) Vertretungen benennen (Großmutter, Tante, Arbeitskollege etc.), die gegebenenfalls durch Vorzeigen des Personalausweises nachweisen können, dass diese abholberechtigt sind.

In der Grundschule wird meist nicht von „Schülern", sondern von „Kindern" gesprochen. Anders als an den weiterführenden Schulen, an denen die Schüler am Ende des Schultags alleine nach Hause gehen können, erfolgt an Grundschulen nach Schulschluss tatsächlich eine Übergabe an die Eltern. Der Hintergrund hierfür scheint logisch: Die Kinder müssen möglichst lückenlos beaufsichtigt werden.

Sind Eltern oder die hinterlegten Notfallnummern nicht erreichbar und erscheinen Kinder morgens nicht zur Schule, ist tatsächlich das Jugendamt oder die Polizei für diese Kinder zuständig und hinzuzuziehen! Das erscheint Ihnen als Schulverwaltungskraft zu heftig? Lesen Sie nachfolgenden Fall!

Exkurs: Der Fall Natalie und der Natalie-Erlass

Natalie Astner, die Erstklässlerin aus dem 600-Seelen-Dorf Epfach, war 1996 auf dem Weg zur fünf Minuten entfernten Schule, als sie von einem Autofahrer angehalten, in den Kofferraum gezerrt und entführt wurde. Der Täter fuhr das Kind auf einen Parkplatz, fesselte es mit eigens mitgebrachten Nylonschnüren und zog sich eine Strumpfmaske über das Gesicht. Auf einem Feldweg zog er dem Mädchen Leggings und Schlüpfer aus und betastete es.

Das Kind bettelte darum, dass er sie freilässt. Sie bot in ihrer Angst an, den Eltern nichts zu sagen, wenn er es gehen lasse. Natalie versuchte sogar, ein paar Brocken Italienisch zu sprechen, weil sie ihn für einen Ausländer hielt. Sie flehte ihn an, ihr Vater würde dem Entführer 1 000 Mark geben, wenn sie gehen könne. So steht es in dem Geständnis des Täters.

Der Täter nahm das Kind auf den Schoß – es sitzt dort mit abgewandtem Oberkörper. Seine Strumpfmaske hat er sich wieder vom Kopf gerissen, um sein Opfer besser sehen zu können.

Natalie drehte sich um und sah ihn an. Der Täter geriet in Panik, würgte das Mädchen und schlug ihren Kopf gegen einen Baumstamm. Er fuhr das bewusstlose Kind zum Lech, wo er es ins Wasser legte und ertrinken ließ.

Der Richter machte deutlich, dass die Schule von Natalie und das dortige Lehrerkollegium scheinbar nicht in der Lage gewesen ist, ihrem Fürsorgeauftrag nachzukommen.

Einige Bundesländer reagierten auf den Fall Natalie und implementierten daraufhin schulrechtlich den sog. „Natalie-Erlass" (u. a. Hessen, Sachsen-Anhalt, Sachsen, Bayern). Aber auch viele weitere Schulen in anderen Bundesländern beziehen sich auf diesen Erlass.
So steht in der „Verordnung zur Gestaltung des Schulverhältnisses" in Hessen vom 19.8.2011:

§ 2 Verhinderung und Erkrankung
(1) Versäumt eine Schülerin oder ein Schüler den Schulbesuch, haben die Eltern, im Fall der Volljährigkeit die Schülerin oder der Schüler selbst, unverzüglich der Schule den Grund mitzuteilen. *Die Schulkonferenz soll festlegen, wann spätestens und in welcher Form die Mitteilung erfolgen soll, und dass eine schriftliche Entschuldigung vorgelegt oder nachgereicht werden muss. Die Klassenlehrerin oder der Klassenlehrer entscheidet im pflichtgemäßen Ermessen, ob der angegebene Grund anerkannt werden kann.*
(...)
(3) Die Grundschulen sollen bei nicht bekannten Gründen des Fernbleibens unmittelbar nach Unterrichtsbeginn die Eltern von der Abwesenheit in Kenntnis setzen, damit diese gegebenenfalls weitere Maßnahmen ergreifen können. ***Sind die Eltern nicht zu erreichen, muss die Schule in Abwägung des Einzelfalls entscheiden, ob es zum Schutz des Kindes notwendig erscheint, die örtlich zuständige Polizeidienststelle zu informieren.*** *In den Bildungsgängen der Mittelstufe kann entsprechend verfahren werden.*

Und so wird der Natalie-Erlass auch in der Praxis umgesetzt:
„Aufgrund des sogenannten „Natalie-Erlass" gilt: „Eltern/Erziehungsberechtigte sind verpflichtet, das Fehlen ihres Kindes in der Schule zu melden."
Bitte melden Sie Ihr Kind ***bis spätestens 08:45 Uhr*** *auf folgenden Wegen in der Schule ab:*
Über die E-Mail-Adresse krank.meldung@schulelindern.net
Telefonisch unter 05957/96110
Oder hinterlassen Sie eine Nachricht auf dem Anrufbeantworter

Wenn das Kind in der Schule fehlt, ohne dass es abgemeldet wurde, müssen wir dem nachgehen. Bitte hinterlegen Sie, sofern das noch nicht geschehen ist, dazu in der Schule immer eine aktuelle Rufnummer und eine Notfallnummer, unter der Sie oder eine Person Ihres Vertrauens erreichbar sind. Liegt uns bis 8.45 Uhr keine Abmeldung für Ihr fehlendes Kind vor und wir erreichen Sie oder Ihren Notfallkontakt nicht, müssen wir ***die Polizei verständigen.***
Die Erfüllung dieses Erlasses dient ausschließlich dem Schutz Ihres Kindes"

(Homepage der Grund- und Oberschule Lindern/Niedersachsen).

„ERINNERUNG: Krankmeldungen: Seit 2011 gilt in Hessen der sogenannte „Natalie"-Erlass. Es soll sichergestellt werden, dass Schülerinnen und Schüler aus Krankheits- und/ oder anderen Gründen mit Wissen der Eltern fehlen und ihnen nicht womöglich auf dem Schulweg etwas zugestoßen ist. Deshalb MÜSSEN fehlende Kinder telefonisch – morgens zwischen 7.00 Uhr bis 8.00 Uhr – im Sekretariat krankgemeldet werden. Wenn Sie noch nicht absehen können, wie lange ihr Kind fehlt, bitten wir Sie – bei Fortbestehen der Krankheit – auch am Folgetag nochmals anzurufen. Wenn ihr Kind unentschuldigt fehlt, sind wir angewiesen, zu Hause anzurufen und wenn wir niemanden erreichen, ***die Polizei zu benachrichtigen****."*

(Homepage der Gartenstadt-Schule Rodgau/Hessen).

„Erkrankung eines Kindes
Sollte ein Kind aus Krankheitsgründen am Unterricht nicht teilnehmen können, so informieren die Eltern uns am betreffenden Tag bis spätestens 7:30 Uhr. Im Falle fernmündlicher Verständigung der Schule ist die schriftliche Mitteilung binnen drei Tagen nachzureichen. Fehlt ein Schüler zu Beginn der 2. Unterrichtsstunde unentschuldigt, benachrichtigt die Schule die Eltern über die vorliegende Notfallnummer bzw. unter Umständen auch die ***Polizei (Sicherheitsmaßnahme)****.*
Wir bitten die Eltern, unbedingt ein Augenmerk für die Gültigkeit ihrer Notfallnummer zu haben. Im Fall einer Erkrankung oder eines Unfalls während des Schulbetriebes informiert die Schule die Eltern, damit das betroffene Kind in die Fürsorge- und Aufsichtspflicht der Eltern über-

geben werden kann. Es ist unbedingt notwendig, die aktuelle Erreichbarkeit der Eltern oder mindestens einer anderen Person der Schule mitzuteilen (mit Vollmacht). Sollten die Eltern nicht erreichbar sein und keine Vollmacht für eine andere Betreuungsperson vorliegen, muss das Kind ***in die Obhut des Jugendamtes*** *gegeben werden."*
(Homepage der 135. Grundschule in Dresden/Sachsen).

Dass die Schule keinen „Natalie-Erlass", keine schulgesetzliche Grundlage oder wie auch immer man diese Verhaltensmaßnahme der Schule benennen mag brauche, ergibt sich aus der Personensorge nach dem BGB:

Lehrkräfte sind täglich in der Pflicht, der gebotenen Aufsicht über die Schüler nachzukommen.

Durch den im Grundgesetz festgeschriebenen staatlichen Erziehungsauftrag und die Schulpflicht greift die Schule ganz erheblich in das elterliche Erziehungsrecht ein. Deshalb ist die Schule auch verpflichtet, im Bereich der Personensorge (BGB: Pflegen, erziehen, beaufsichtigen, den Aufenthalt bestimmen) Vergleichbares zu leisten wie die Eltern.

Das bedeutet: Neben dem im Schulgesetz beschriebenen Erziehungs- und Bildungsauftrag haben Lehrer auch einen Betreuungsauftrag (und zwar unabhängig vom Alter, z. T. auch bei über 18-jährigen Schülern!).

Dass dieser Natalie-Erlass eben nicht nur in Sachsen, Hessen und Bayern gilt, zeigt ein Beispiel aus Rheinland-Pfalz:

„Aufsicht in Schulen
Verwaltungsvorschrift
des Ministeriums für Bildung, Wissenschaft
und Weiterbildung Rheinland-Pfalz
vom 4. Juni 1999 (1546 A – Tgb.Nr. 192/98)

Fundstelle: GAmtsbl. 1999, S. 328
zuletzt geändert durch Verwaltungsvorschrift vom 09.07.2002
(GAmtsbl. 2002, S. 384)

1 Zweck und Inhalt der Aufsicht
Zweck der Aufsicht ist es, Schülerinnen und Schüler vor Schaden zu bewahren, aber auch zu verhindern, dass andere durch sie einen Scha-

den erleiden. Die Lehrkräfte müssen Maßnahmen, Vorkehrungen und Anordnungen treffen, die Schäden nach Möglichkeit ausschließen. Die Aufsicht richtet sich nach den Gefahren, wie sie im Einzelfall erkennbar sind.“

Die Veröffentlichung dieser Vorgehensweise, nämlich das Informieren von Polizei und/oder Jugendamt, sichert die Schule ab und schafft für die Eltern Transparenz.

Im Übrigen sind auch 17-jährige Schülerinnen gefährdet. Stellen wir uns vor, eine Schülerin möchte das bevorstehende Wochenende bei einer Freundin verbringen. Sie hat sich bereits „schick“ für das anstehende Wochenende gemacht, sitzt in sommerlich knapper Kleidung im Unterricht und ihr geht es plötzlich nicht gut. Die Lehrerin schickt die Schülerin ins Sekretariat, um die Mutter zu verständigen, dass die Tochter abgeholt werden soll. Die Mutter teilt der dem Sekretariat daraufhin am Telefon mit: „Schicken Sie die Tochter an die Straße zur Bushaltestelle. Ich hole sie gleich ab!“ Die Sekretärin erläutert der Tochter das Prozedere, diese eilt zur Bushaltestelle und beim Warten auf die Mutter hält ein Lieferwagen mit schwarz abgeklebten Fenstern… Daher: Wenn Sie als Schulverwaltungskraft Schüler aus dem Sekretariat zum **Warten auf die Abholung** schicken: Bitte **nur im Schulgebäude** warten lassen!

Und was ist nun als Schule zu tun, wenn Eltern ihre Kinder der Grundschule wiederholt nicht abholen und warten lassen?

Nehmen wir einmal an, die Betreuung durch diese Grundschule endet offiziell und festgelegt um 14 Uhr und zu diesem Zeitpunkt sollen die Eltern ihre Kinder wieder abholen. Die allermeisten Eltern sind in der Regel pünktlich da, einige bereits vor der angegebenen Zeit (aber leider nicht alle). Und so steht der verantwortliche Grundschullehrer in der Pausenhalle und wartet (oder der wartende Schüler sitzt sorgenvoll im Schulsekretariat).

Sicher ist es mehr als verständlich, dass jeder einmal zu spät kommen kann: Staus verhindern eine rechtzeitige Abholung oder Baustellen leiten eine Verspätung für die abholenden Eltern ein. Allerdings gilt hier zu unterscheiden, ob die Eltern einmal zu spät kommen oder ob dies mehrfach geschieht. Leider gibt es tatsächlich Eltern, die ihre privaten Interessen oder Verpflichtungen über die Interessen der Schule oder ihres eigenen Kindes stellen.

Nehmen wir die Eltern, die einmalig zu spät kommen: Das kann passieren und ist kein „Weltuntergang“. Diesen Eltern kann die Schule verständnisvoll begegnen, zumal wenn diese vorher im Sekretariat anriefen und deutlich machten, dass diese ausnahmsweise einige Minuten später kommen. Wichtig ist trotzdem, auch diesen Eltern klar zu machen: Dies kann **einmal** passieren, aber auch die Lehrer und natürlich die Schulverwaltungskraft haben Verpflichtungen, denen diese nachkommen müssen.

Kommen die Eltern ein zweites Mal zu spät, dann sollte die Schule darüber eine **Aktennotiz** (Datum und Ausmaß der Verspätung benennen!) anfertigen. Jetzt gilt es als Schule, den Eltern unmissverständlich klarzumachen: Erneute Verspätungen müssen nicht hingenommen werden! Jetzt muss die Schule diesen Eltern erklären: Beim nächsten Zuspätkommen wird die Schule das betreffende Kind bei der Polizei abliefern. Wichtig ist ergänzend den Eltern deutlich zu machen: Sollten diese ihr Kind dort immer noch nicht abholen und die Verwahrung bei der Polizei länger dauern, wird die Polizei den Schüler in die Obhut des Jugendamtes übergeben.

Nun wird die vorher angefertigte Aktennotiz wichtig: Sie dokumentieret, wie oft und wie lange die Eltern sich bereits im Vorfeld nicht um ihr Kind gekümmert haben. Dies sind Informationen, die das Jugendamt jetzt braucht.

Wie lange die Schule zu warten hat, bis sie diese Kinder bei der Polizei abliefert, ist nicht festgelegt. Hier gilt nach allen Schulgesetzen aller Bundesländer deutschlandweit vereinfacht die 15-bis-30-Minuten-Regelung. Sollten die Eltern nach spätestens 30 Minuten beim festgelegten Abholzeitpunkt nicht erscheinen, kann das Kind problemlos der Polizei übergeben werden.

Tipp:

- ▶ Gehen Sie bei der Problematik des Nichtabholen-Wollens seitens der Eltern einheitlich vor.
- ▶ Machen Sie schulintern eine Dienstbesprechung und legen im Kreise des gesamten Schulteams fest, wie lange die Schule maximal wartet.

- Legen Sie einen Zeitpunkt fest, bis wann Eltern ihre Kinder an der Schule spätestens entschuldigt haben müssen.
- Machen Sie deutlich: Kind erscheint nicht zu Unterrichtsbeginn: keine Notfallnummer erreichbar, dann Anruf bei Polizei und Jugendamt.
- Veröffentlichen Sie in der Schule diese Vorgehensweise (gegengezeichneter Elternbrief, Veröffentlichung auf der Schulhomepage, Aushang an Abholplätzen etc.).
- Kinder, die während des laufenden Unterrichts wegen Krankheit o. ä. von Eltern abgeholt werden sollen, verbleiben IM Schulgebäude.
- Machen Sie den Eltern deutlich, dass eine Veränderung der Notfallnummern UNVERZÜGLICH dem Klassenlehrer und dem Schulsekretariat gemeldet werden muss.

Ergänzungen zum Natalie-Erlass:
Dass der Natalie-Erlass deutschlandweit gilt, wurde in den vorangegangenen Seiten ausführlich behandelt. Dass dieser auch im Schulsekretariat umzusetzen ist, wurde deutlich an zwei weiteren neuen Rechtsfällen. Im ersten Fall mit einem positiven Beispiel der Umsetzung, im zweiten Fall mit einem negativen Beispiel.

Der Fall „Edenkoben“:
Jeden Morgen muss in jeder Schulklasse kontrolliert werden, ob alle Schüler da sind. Das ist in Rheinland-Pfalz seit 2009 gesetzlich vorgeschrieben. Wie wichtig diese Anwesenheitskontrolle („Natalie-Erlass“) ist, hat sich im Entführungsfall Edenkoben gezeigt:

Im Jahr 2023 wurde eine zehnjährige Schülerin auf dem Weg vom Elternhaus in die Schule von einem Mann in ein Auto gezerrt und vergewaltigt. Gegen 9 Uhr meldete der Vater des Mädchens seine Tochter bei der Polizei als vermisst, da sie nicht wie erwartet in der Schule angekommen war. Kurz zuvor hatte sich bereits eine Zeugin gemeldet, die ein Fahrzeug wegen auffällig hoher Geschwindigkeit bemerkt hatte. Der Polizei gelang es einige Stunden nach dem Verschwinden des Mädchens den Tatverdächtigen in festzunehmen und das Mädchen zu befreien

Nach der Entführung lobte die Polizei die schnelle Reaktion der Schule. Durch die frühzeitige Anwesenheitskontrolle konnte die Vermisstenmeldung rasch erfolgen und die Fahndung unmittelbar eingeleitet werden. Als die Schülerin zu Unterrichtsbeginn vermisst wurde, konnten sehr schnell durch die Schulsekretärin der Vater verständigt und die Polizei alarmiert werden.

Der Fall „Valeriia“:
Wie wichtig es ist, das unentschuldigte Fehlen von Schüler:innen unverzüglich zu melden, zeigt auch das Beispiel der 9-jährigen Valeriia. Das Mädchen verschwand 2024 auf dem Weg zur Schule und wurde später tot aufgefunden. In diesem Fall war eine Meldung durch die Lehrkräfte ausgeblieben, erst am Nachmittag begann die Mutter mit der Suche nach ihrem Kind, nachdem dieses nicht wie gewohnt nach der Schule nachhause gekommen war.

Grundsätzlich gilt: Wenn ein Kind ohne Entschuldigung dem Unterricht fernbleibt, sind Schulen verpflichtet zu handeln. Die Aufsichtspflicht verlangt, dass das Fehlen dokumentiert und weitergemeldet wird – in der Regel bereits in der ersten Schulstunde. Sollte das Kind fehlen und eine Kontaktaufnahme mit den Eltern scheitern, kann die Schulleitung im Rahmen der Amtshilfe und Gefahrenabwehr die Polizei einschalten.

Im Fall von Valeriia, die 2024 auf dem Weg zum Schulbus verschwand, wurde diese vorgeschriebene Meldekette nicht eingehalten. Medienberichten zufolge soll das Mädchen häufiger zu spät gekommen sein. Dennoch hätte die Schule auch in diesem Fall dem Fernbleiben nachgehen müssen.

Auf die gesetzliche Bringschuld der Eltern bzw. auf die in den Schulgesetzen festgeschriebene Mitwirkungspflicht der Eltern wird u. a. auch hier verwiesen:

- Stadt Dresden: https://www.dresden.de/de/leben/schulen/faq/entschuldigungspflicht.php
- Rheinland-Pfalz: https://www.swr.de/swraktuell/rheinland-pfalz/add-und-bildungsministerium-fordern-von-schulen-konzepte-zur-anwesenheitskontrolle-100.html
- Niedersachsen §§58 bis 59a, 63–67, 70 Schulgesetz: 3.3.2.2 „Bei unentschuldigtem Fehlen im Unterricht sind die Erziehungsberechtigten bereits bei der ersten ungeklärten Fehlzeit sofort zu informieren“.

- Baden-Württemberg: https://www.landtag-bw.de/files/live/sites/LTBW/files/dokumente/WP15/Drucksachen/3000/15_3697_D.pdf [https://www.landtag-bw.de/files/live/sites/LTBW/files/dokumente/WP15/Drucksachen/3000/15_3697_D.pdf
- Nordrhein-Westfalen Schulgesetz: „(...) Die Eltern benachrichtigen bei allen Schulversäumnissen unverzüglich (und direkt) die Schule."
- Grundsätze zur Teilnahmepflicht und zu Ausnahmen regelt der Runderlass BASS 2023/2024 – 12-52 Nr. 1 Teilnahme am Unterricht und an sonstigen Schulveranstaltungen
- deutschlandweite Gültigkeit auch sehr gut im Juli 2025 erklärt hier: https://www.frag-einen-anwalt.de/Nichterscheinen-eines-Schulkindes-am-Morgen--f444687.html

21. Fall: „Ich war doch gar nicht eingeteilt!" oder: „Können Sie mal eben warten, bis alle Kinder abgeholt sind …?" – Aufsichtspflicht außerhalb der offiziellen Dienstzeit

Während eines Seminars für Schulverwaltungskräfte in Niedersachsen fegte ein Sturmtief durch das Land, welches den kompletten Zugverkehr deutschlandweit und den öffentlichen Personennahverkehr zeitweilig lahmlegte. Der Vorgesetzte der Schulverwaltungskräfte kommt in den Seminarraum und zieht eine Teilnehmerin nach der anderen aus dem Seminarraum heraus. Der Dozent des Seminars ist höchst irritiert und bittet den Personalverantwortlichen um Stellungnahme. Dieser äußert: „Es liegt nicht an Ihnen, aber Sie müssen wissen, durch den heutigen Sturm können die Busse an unseren stadteigenen Schulen nicht mehr fahren, um die Kinder in den Harz nach Hause zu bringen. Es müssen jetzt die Notfallnummern der Eltern angerufen werden, damit die Eltern ihre Kinder abholen können. Damit sind die Lehrer überfordert. Die Schulleiter baten, dass das Seminar bitte abgebrochen werden möge, damit alle Mitarbeitenden wieder an ihren Arbeitsplatz können, um die Lehrer zu unterstützen. „Ach, Herr Dozent, wenn wir gerade dabei sind: Die Lehrer an den betreffenden Schulen können ja jetzt nach Dienstschluss gehen, oder? Schülertransport und Weg zur Schule und nach Hause ist ja Sache der Eltern, oder?"

Ein Lehrer betrat kurz vor 8 Uhr das Schulgelände. Offizieller Dienstbeginn bei ihm war 8:10 Uhr. Während der Lehrer vom Lehrerparkplatz über den Schulhof läuft, bemerkt er, dass zwei Schüler dabei waren, eine Massenschlägerei anzuzetteln. Der Lehrer denkt sich: „Das ist doch mir egal. Erstens: Ich habe noch keinen Dienstbeginn, der Dienstbeginn ist bei mir um 8:10 Uhr und nicht um 7:56 Uhr. Zweitens: Eingeteilt mit der Pausenaufsicht und Aufsicht ab Öffnung des Schulgeländes bin doch heute nicht ich, sondern Lehrerkollegin Franziska, und drittens: Die Kinder, die sich da prügeln, die kenne ich ja gar nicht! Die habe ich noch nie in meinem Leben unterrichtet!" Der Lehrer verlässt die Szenerie, läuft ins Schulgebäude, um sich im Lehrerzimmer einen Kaffee zu nehmen. Dummerweise waren andere Eltern anwesend, die genau diese Schlägerei beobachtet und – Gott sei Dank – in die Schlägerei eingegriffen haben. Der vorbeigehende Lehrer wurde daraufhin bei seinem Dienstherrn angezeigt.

Hierbei gilt juristisch:

Jeder Lehrer ist verpflichtet, Aufsicht zu führen, sobald er sich im Dienst befindet und sich die Notwendigkeit einer Aufsichtsführung aus den Umständen ergibt. Das gilt auch dann, wenn eine andere Person mit der Aufsicht in einem Bereich beauftragt wurde. In der genannten Situation ist L zum Eingreifen verpflichtet. Eine Nichterfüllung kann er nicht mit dem Hinweis rechtfertigen, er sein nicht eingeteilt gewesen, und es habe sich nicht um Schüler seiner Klasse gehandelt. Die Schule hat die Schüler zu beaufsichtigen, wenn und solange sie am Schulbetrieb teilnehmen. Dazu gehören:
- die Zeit, in der die Schüler am Unterricht oder an anderen Schulveranstaltungen teilnehmen,
- die Freistunden,
- die Pausen,
- die Mittagspausen bei GT-Schulen und an Schulen mit Vormittags- und Nachmittagsunterricht,
- wenn die Schüler in der Mittagspause nicht heimfahren können.

Eine angemessene Zeit vor Beginn und nach Beendigung des Unterrichts oder von anderen Schulveranstaltungen; als angemessen werden etwa 15 Minuten und max. 30 Minuten angesehen (Fahrschüler).

Bei 30 Minuten stelle man sich folgenden Fall vor: Wie im vorangegangenen Fall können die Schulbusse aufgrund der Witterung nicht mehr fahren, um die Kinder abzuholen. Die Schule ruft die Notfallnummern an und eine Mutter teilt mit, sie sei im Stau und kommt erst in 40 Minuten. Hier muss der Lehrer eben auch 40 Minuten auf das Kind aufpassen, er darf das Schulkind nicht einfach alleine lassen. Heißt: Die 30-Minuten-Regelung ist deutschlandweit ein Richtwert.

In der Mitte des Textes steht: „es hat sich nicht um Schüler seiner Klasse gehandelt“: Stellen wir uns vor, in einer Stadt gibt es ein Schulzentrum. Rechts eine Förderschule und links ein Gymnasium. Beide

Schulen teilen sich auf dem Grundstück den Sportplatz. Sobald Gymnasiallehrer Sportunterricht erteilen, aber zeitgleich Kinder der Förderschule auf dem Sportplatz anwesend sind, ist der Gymnasiallehrer auch automatisch für die Kinder der Förderschule zuständig! Das heißt die Aufsichtspflicht ist nicht immer nur klassen- oder schultypbezogen.

Am Ende steht (wie oben bereits erwähnt): max. 30 Minuten: Wir stellen uns vor, ein Grundschulkind erleidet einen Erste-Hilfe-Fall und das Kind muss ins Krankenhaus. Die Schulverwaltungskraft ruft die Eltern (Notfallnummern) an und keiner ist erreichbar. Wie lange muss der für das Kind eingeteilte Lehrer nun am Krankenbett im Krankenhaus stehen und auf das Kind aufpassen, wenn die Eltern nicht erreichbar sind? Schauen wir uns hierzu noch einmal die Erklärung zu Fall 13 an:

Der für die Erste Hilfe verantwortliche Lehrer entscheidet für sich, je nach Einzelfall, welches Transportmittel er für den in seiner Obhut befindlichen Schüler einsetzen wird: Entweder Krankenwagen, Notarztwagen, Taxi, Anruf bei der Rettungsleitstelle oder Rettungshubschrauber. Eine generelle Anordnung, bei jedem Schulunfall grundsätzlich einen Krankenwagen zu bestellen und verletzte Schüler immer ins Krankenhaus zu transportieren, überschreitet den Rahmen des juristisch Vertretbaren. Vielmehr sind die Eltern auf ihre Fürsorge- und Aufsichtspflichten nach dem BGB hinzuweisen. Die Art der Verletzungen, der Zustand des verletzten Schülers, die örtlichen Verhältnisse und die Entfernung zum nächstmöglichen Arzt sind bei der Auswahl des Transportmittels für den Lehrer entscheidend. Auch während des Transports besteht uneingeschränkte Aufsichtspflicht der Schule! Daher muss der Lehrer i. d. R. den Schüler zum Arzt oder ins Krankenhaus begleiten. Je nach Art der Verletzung und dem Zustand des verletzten Schülers kann ab Klassenstufe 8 im Einzelfall dafür auch ein geeigneter Mitschüler ausgewählt werden. Die Verantwortung der Schule bleibt jedoch weiterhin voll juristisch bestehen. Im Krankenhaus oder beim Arzt darf sich der begleitende Lehrer bei Kindern bis zur Klassenstufe 8 erst dann entfernen, wenn die Erziehungsberechtigten eingetroffen sind (bis zu 24 Stunden). Erscheinen die Eltern nicht, ist das Kind von Lehrerseite aus dann in die Obhut des Jugendamts zu übergeben.

22. Fall: Der Brötchenkauf während der Freistunde

Ein 13-jähriger Schüler hat in der vorletzten Unterrichtsstunde eine Freistunde, da er nicht am christlichen Religionsunterricht teilnehmen muss. Anstelle sich allerdings im Schulgebäude aufzuhalten, wie es die Schulordnung (von den Eltern gegengezeichnet) vorsieht, verlässt er das Schulgebäude, um sich an einem 250 Meter entfernten Kiosk ein Brötchen und eine Limonade zu kaufen. Auf dem Rückweg zur Schule stößt er kurz vor der Schule mit einem Auto zusammen und wird schwer verletzt (diagnostiziert werden eine Hirnverletzung und eine 100%ige Erwerbsunfähigkeit). Die Schulversicherung lehnt es ab zu zahlen, weil der Schüler wissentlich und widerrechtlich (Schulordnung) das Schulgrundstück verlassen habe. Der schulische Versicherungsschutz entfalle, wenn das Schulgebäude aus privaten Gründen verlassen werde. Das liege hier vor, denn der Unfall habe keinen (inneren) Zusammenhang mit dem Schulbesuch.

Auch Schulverwaltungskräfte sind oft damit konfrontiert, dass Kinder während der Unterrichtszeit, in Freistunden oder Pausen das Schulgelände verlassen, um sich im ortsansässigen Supermarkt, an einem Kiosk, bei einer Filiale einer Fast-Food-Kette Nahrungsmittel oder Sonstiges zu kaufen. Oft rufen dann Verkäufer in der Schule an und schildern die „Hordenansammlung vor dem Supermarkt“.

In oben genannten Fall ging die Sache an das Sozialgericht und später an das Bundessozialgericht, da es um die Frage ging, ob ein „Arbeitsunfall“ vorlag. Dieses entschied, dass die Versicherung zahlen müsse, da es sich doch um einen „Arbeitsunfall“ gehandelt habe, den der Verunglückte im Zusammenhang mit seiner Tätigkeit als Schüler einer allgemeinbildenden Schule erlitten habe.

Dazu zählten auch Ereignisse, die auf dem Weg zum und vom Ort der Tätigkeit passieren. Somit sei es vertretbar, den Weg für eine Besorgung für den Unterricht mitzuversichern. Dazu gehörten auch Lebensmittel, um das Essen auf einer Arbeitsstelle einzunehmen.

In Analogie zu anderen Arbeitnehmern führte das Gericht ebenso aus, dass ein Arbeitnehmer selbst beim Vorhandensein einer Werkskantine das Recht habe, seine Nahrungsmittel auch anderswo einzunehmen und somit auch auf dem Weg dorthin versichert sei. Gleiches gelte hier für den Schüler. Da der Kiosk in der Nähe der Schule war und der Schüler nach dem Einkauf noch an einer weiteren Schulstunde teilnehmen musste, sei der Zusammenhang zu seiner Tätigkeit gegeben.

Unerheblich sei in diesem Zusammenhang auch die Tatsache, dass der Schüler gegen das Verbot der Schulordnung verstoßen habe. Das verbotswidrige Verhalten (Verstoß gegen die Schulordnung) schließe einen Arbeitsunfall nicht aus. Aus diesem Grund sei ihm von der Versicherung eine Rente zu zahlen.

Zusammenfassend: Wenn ein Schüler während einer Freistunde oder Mittagspause das Schulgrundstück verlässt, um sich an einem 250 Meter entfernten Kiosk Lebensmittel zu kaufen, sind mögliche Schäden durch die Unfallversicherung der Schule gedeckt.

Dieser Fall wurde übrigens ebenso vom Bundesministerium für Arbeit und Soziales (BMAS) veröffentlicht und ist jederzeit abrufbar unter: https://www.bmas.de/DE/Service/Publikationen/Broschueren/a402-unfallversicherung-schule.html

Das heißt, das Argument der Lehrer: „Das wusste ich aber gar nicht, dass Schulkinder in der Pause das Gelände verlassen dürfen" oder irgendwelche Elternvereinbarungen sind beim Nahrungsmittelkauf hinfällig!

Der Wortlaut des BMAS:

„Wege von Schülerinnen und Schüler in der Mittagspause zur Nahrungsaufnahme außerhalb der Schule – nicht das Essen oder der Einkauf selbst – sind unfallversichert. Versicherungsschutz besteht auf zeitlich und entfernungsmäßig angemessenen Wegen. Dies gilt unabhängig davon, ob die Schule das Verlassen des Schulgeländes ausdrücklich gestattet, stillschweigend duldet oder strikt verboten hat. Das Essen oder der Einkauf muss durch alsbaldigen Verzehr der Nahrungsmittel dazu bestimmt sein, die Lern- und Konzentrationsfähigkeit der Schülerin oder des Schülers zu erhalten. Es spielt übrigens keine Rolle, ob ein Mittagessen in der Schule angeboten wird oder nicht. Jeder Schülerin und jedem Schüler steht es frei, das Essen an einem persönlich „angenehmen" Ort einzunehmen. Das Besorgen von Nahrungsmitteln vor oder nach dem Unterricht gilt als Vor- bzw. Nachbereitungshandlung und ist daher un-

versichert. Auch der Kauf von Süßigkeiten ist dem privaten Lebensbereich zuzurechnen und daher unversichert. Dabei spielt es keine Rolle, ob der Kauf auf dem Schulgelände oder außerhalb erfolgt.“

23. Fall: „Der ist alt genug – schicken Sie ihn heim“ – Entlassung aus dem Unterricht

Einem Schüler einer Schule in NRW wird während des Unterrichts aufgrund einer Magen-Darm-Infektion während des Unterrichts schlecht. Die Klassenlehrerin schickt den Schüler daraufhin in das Schulsekretariat. Er solle der Schulsekretärin sagen, dass es ihm nicht gut gehe. Diese solle die Mutter des Schulkindes anrufen, damit diese ihn abholt. Die Klassenlehrerin sagt vor 19 weiteren Schülern und einer dabeistehenden, erwachsenen und ausgebildeten Lehrerkollegin: „Geh bitte ins Sekretariat. Die Schulsekretärin soll Deine Mutter anrufen und die soll Dich dann abholen.“ Der Schüler eilt ins Schulsekretariat, die Sekretärin ruft daraufhin die Mutter an, die der Sekretärin am Telefon mitteilt, der Sohn sei „alt genug“, um den Weg nach Hause alleine zurücklegen zu können. Die Sekretärin teilt diesen Wunsch der Mutter dem Schüler mit. Der Schüler verlässt daraufhin das Schulgebäude, um seinen Nachhauseweg anzutreten. An einer auf dem Heimweg befindlichen Straßenbahnstrecke, die er überqueren muss, wird der entlassene Schüler von einer vorbeifahrenden Straßenbahn erfasst und überfahren.

Stellen Sie sich vor, Sie seien keine Schulverwaltungskraft, sondern Strafrichter. Was machen Sie im vorliegenden Fall? Sie laden als Zeugen die aufsichtspflichtige Klassenlehrerin. Diese legte vor Gericht 20 eidesstattliche Versicherungen vor, in denen steht: „Wohlwissend der Strafbarkeit einer Falschaussage, teilen wir hiermit dem Gericht mit: Die Lehrerin hat niemals erlaubt, das Schulgebäude zu verlassen, vielmehr teilte diese dem Schüler mit: Der Junge soll ins Schulsekretariat, damit die dort arbeitende Schulverwaltungskraft die Mutter verständigen möge, um das Kind abzuholen.“

Und damit stand die Schulsekretärin aus obigem Fall in der juristischen Beweispflicht. Eine Schulverwaltungskraft darf nämlich ohne Rücksprache mit den Eltern kein Kind nach Hause schicken. Ganz gleich, was die Mutter der Schulsekretärin auch mitteilt. Die **finale Entscheidung** hätte der **Klassenlehrer** treffen müssen.

Der Richter urteilte im vorliegenden Fall, die Schulsekretärin möge als Beweis gegenüber dem Gericht ein Fax, eine E-Mail, eine WhatsApp, eine SMS (von dem auf dem Aufnahmebogen hinterlegten Anschluss) vorlegen, in welchem steht, dass es der „ausdrückliche Wunsch der Kindsmutter" sei, dass das Kind heute abweichend von der sonstigen Abholung durch die Eltern den Heimweg in diesem Krankheitsfall alleine antreten darf.

Im vorliegenden Fall wird nämlich die Vereinbarung zwischen der personenfürsorgeberechtigten Mutter und der Schule für einen Tag fernmündlich abgeändert. Weil es wie in dem oben angeführten Fall sein kann, dass die Mutter den Anruf leugnet, falls dem Kind auf dem Heimweg etwas zustößt, ist juristisch dringlichst zu raten, den **Anruf der Mutter schriftlich beweisbar** zu machen. Keine Beweiskraft hingegen hatte in einem ähnlichen Fall der Eintrag der Schulsekretärin in ein neben dem Telefon liegendes Notizbuch. Diese Gesprächsnotiz hätte durch die Schulsekretärin auch später erfolgt sein können.

Da diese kommunikative Vorgehensweise, wie im obigen Fall, fast täglich in deutschen Schulsekretariaten vorkommt (zum Glück nicht mit diesem tödlichen Ausgang), muss die juristisch korrekte Vorgehensweise angeführt werden:

Die Eltern geben ihre Schulkinder morgens rein juristisch nicht bei der Schulverwaltungskraft ab, sondern bei den sog. „garantenstellungspflichtigen" Lehrkräften. Garantenstellung heißt: Ein Lehrer muss die Garantie abgeben, dass dem Rechtsgut Schulkind in seiner Betreuungszeit nichts passiert. **Jeder Lehrer** hat eine **Garantenstellung**.

Die **Schulverwaltungskraft** wiederum hat per se **keine Garantenstellung**. Sie ist als nicht pädagogische Verwaltungskraft angestellt, gleichsam einer Mitarbeiterin beim Bürgerbüro, in der Kämmerei oder als Schreibkraft im Vorzimmer des Bürgermeisters. Sie muss nicht die Garantie abgeben, dass dem Schulkind Felix während seiner Unterrichtszeit nichts passiert.

Den garantenstellungspflichtigen Lehrern hat der Gesetzgeber wiederum etwas „geschenkt": nämlich den sog. „Garantenstellungsschutz", d. h. ein Lehrer kann in Deutschland nur angezeigt und verurteilt werden aufgrund von Vorsatz oder grober Fahrlässigkeit. Diesen Schutz hat der Gesetzgeber den Lehrern „geschenkt", damit Lehrer überhaupt „Lehramt“ studieren (sonst würden diese nach der ersten Vorlesung „Schulrecht“ zu Recht das Studium abbrechen mit dem Gedanken, dass sie jeden Tag mit einem Bein im Gefängnis stehen).

Die Schulverwaltungskraft hat als nicht pädagogisch angestelltes Personal keine Garantenstellung und kurzum: daher auch keinen echten Garantenstellungsschutz.

Dies ist im schulischen Alltag ein Dilemma: Normalerweise müsste nämlich die **Kommunikation** in der Schule immer zwischen den garantenstellungspflichtigen Eltern (ja, auch diese haben eine Garantenstellung) und den garantenstellungspflichtigen Lehrer **direkt erfolgen**.

Dies ist allerdings im Alltag schwer möglich: Ein Elternteil kann nicht während des Unterrichts einfach eine Lehrerin, die gerade unterrichtet, anrufen. Dies läuft bei fast allen Schulen über die „Schaltzentrale“ Schulsekretariat.

Was macht die Sekretärin mit einem Schulkind, bei dem die Lehrerin etwas anderes durch den Schüler an die Sekretärin weitergeben ließ („Der soll abgeholt werden“), als die Mutter am Telefon der Sekretärin mitteilt („Schicken Sie ihn heim!“)?

Was ist, wenn ein pubertierender Schüler die Schulverwaltungskraft anlügt („Ich bin krank, soll abgeholt werden!“) und die aufsichtspflichtige Lehrerin dieses Schülers dies nie gesagt hat?

Was macht die Schulverwaltungskraft mit einem Flüchtlingskind, welches von seiner Kindsmutter abgeholt werden soll, die Mutter aber bei deren Anruf kein Deutsch versteht? Um eben diese Problematik zu umgehen, haben viele Schulen in Deutschland sehr gute Formblätter entwickelt, um sich abzusichern. In den sog. „Klassenbögen Entlassung aus dem Unterricht“ wird deutlich gemacht, dass der mit der Aufsicht beauftragte Lehrer die Entscheidung in bestimmten Fällen übernommen hat und eben nicht die Schulverwaltungskraft als Verwaltungskraft.

Auf diese Entlass-/oder Laufzettel muss der betreffende Lehrer nicht viel eintragen, außer den Namen des betreffenden Schülers, die Entscheidung des Lehrers, wie mit dem Schüler zu verfahren ist, Ort, Datum und Unterschrift. Die Sekretärin teilt dem Elternteil dann ausschließlich das mit, was der in der Betreuung des Schulkindes sich befindende Lehrer als Garant für das Kind entschieden hat (Sanitätsraum gehen, RTW bestellen etc.). Möchten die Eltern am Telefon dann eine andere Maßnahme für das Kind bestimmen, welche nicht auf dem Bogen aufgeführt ist, dann teilt die Schulverwaltungskraft mit: „Das tut mir leid, liebe Mutter xy, aber das kann ich nicht entscheiden. Ich kann Ihnen nur die Entscheidung des Lehrers aus dem Unterricht mitteilen. Wenn Sie eine andere Maßnahme mögen, müssten Sie in der Pause anrufen und diese dann direkt mit einem Lehrer besprechen!"

Formular Entlassung aus dem Unterricht

– durch den Schüler im Sekretariat abzugeben –

Hiermit erlaube ich, ______________________, Lehrer in der Klasse ____________, dass die/der Schüler/in ______________________ aufgrund von ________________ aus dem Unterricht entlassen wird.

Es wurde der Schülerin/dem Schüler erlaubt, sich

- ☐ alleine in den Sanitätsraum zu legen.
- ☐ in Begleitung der Mitschülerin/des Mitschülers ____________ in den Sanitätsraum zu begeben.
- ☐ im Sekretariat zu melden, um vom Schulsanitätsdienst betreut zu werden.
- ☐ sich in Begleitung der Mitschülerin/des Mitschülers ________ zum Arzt zu begeben.
- ☐ sich über das Sekretariat einen Krankenwagen zu bestellen, um ins KKH gebracht zu werden.
- ☐ über das Sekretariat die Eltern/auf dem Aufnahmebogen vermerkte Personen zu verständigen, um abgeholt zu werden.
- ☐ sich selbständig auf direktem Weg nach Hause zu begeben.

Datum: _____._____. 20__ Unterschrift der Lehrkraft: ____________

– von den Eltern auszufüllen –

Wir bestätigen, dass unsere Tochter/unser Sohn ________________ am _____._____.20__ um ______ Uhr zu Hause eingetroffen ist.

Unterschrift Erziehungsberechtigte(r): ______________________

Tipp:

- Stellen Sie Ihrem Schulleitungsteam die Problematik der Kommunikationsfehler vor.
- Legen Sie als Lösungsvorschlag den Klassenbogen „Entlassung aus dem Unterricht" vor.
- Nennen Sie die Vorteile für die Schule und für jeden einzelnen Lehrer und die Schulleitung bei Implementierung dieses Bogens („Sie alle möchten eine rechtssichere Schule, mit diesem Bogen werden Ihre Entscheidungen dokumentiert und Sie sichern sich als Schule ab…").
- Bitten Sie Ihren Schulleiter bei einer Konferenz darum, dass Sie diesen Klassenbogen vorstellen dürfen (in Anwesenheit des Schulleiters natürlich, der Sie jetzt auch vor den Lehrern notfalls verteidigen muss).
- Kommen Ihnen die Lehrer mit dem typischen Widerstandssatz („Theorie und Praxis! Keine Schule hat so einen Bogen"), bitten Sie die Lehrer einfach einmal darum, „Klassenbogen Entlassung aus dem Unterricht" bei Google einzugeben: Sie finden auf Anhieb rund 50 Schulen, die diesen Bogen bereits fest auf der eigenen Schulhomepage (oftmals als pdf-Dokument) vorstellen.
- Lesen Sie sich Beispiele aus dem Internet zur Vorgehensweise durch (s. hierzu z. B. nächste Seite) und prüfen Sie für sich, welche Formulierungen am besten zu Ihnen/zu Ihrer Schule passen.

Beispiel einer Schulhomepage
(hier: Max-Born-Gymnasium Neckargemünd):

Entlassung aus dem Unterricht

A. *Bei Erkrankungen während des Unterrichts* ***entscheidet der Lehrer/ die Lehrerin der aktuellen Unterrichtsstunde****, ob es der Gesundheitszustand nahelegt, Schüler nach Hause zu schicken oder sie unter Aufsicht in der Schule zu behalten* ***(unter Aufsicht heißt Aufenthalt im Klassen-/Fachraum, in der Sporthalle oder im Krankenzimmer, wobei die unterrichtende Lehrkraft auch dann weiterhin die Aufsichtspflicht hat!)*** *Nur wenn die Lehrkraft zu dem Schluss kommt, dass der Schüler zu Hause besser aufgehoben ist, sendet sie ihn in das Sekretariat, damit die SekretärInnen an Stelle der Lehrkraft, (...), das Telefonat mit den Eltern führen. Der Schüler kehrt mit* ***dem grünen Meldebogen des Sekretariats*** *in den Unterrichtsraum zurück. Der grüne Bogen ist kein Entlassschein, sondern lediglich eine Bestätigung des Sekretariats (über das geführte Telefonat mit den Eltern bzw. den hinterlegten Notfallnummern).*

B. *Anschließend unterschreibt die Lehrkraft den Meldebogen und vermerkt die Entlassung im Klassenbuch.*
   - ***15 Minuten vor Ende der Unterrichtsstunde wird keine Schülerin/kein Schüler mehr entlassen.***
   - ***Die Entlassung erfolgt dann gegebenenfalls durch die Lehrkraft der folgenden Unterrichtsstunde.***
   - ***In der Mittagspause erfolgt eine Entlassung nur durch die Schulleitung.***

   Abholung der Schülerin/des Schülers durch die Eltern erfolgt (...) unter Abgabe des von der entlassenden Lehrkraft und der abholenden Person unterschriebenen grünen Meldebogens. Dieser wird von Sekretariat der/dem Klassenlehrer/in zugestellt. Der Klassenlehrer behält zur Entlastung des entlassenden Lehrers den grünen Meldebogen bis zum Erhalt der schriftlichen Entschuldigung. ***Jedes andere Vorgehen wird als unerlaubtes Fernbleiben vom Unterricht gesehen und ist als solches zu ahnden.***

Dass diese Vorgehensweise auch für volljährige Schüler gilt, wird in dem Vorgehen eines Berufsschulzentrums (Berufsschulzentrum Grimma) deutlich:

„Verfahrensweise im Rahmen der Abmeldepflicht beim Verlassen der Schule während der Unterrichtszeit: Abmeldungen erfolgen durch den Schüler mit dem entsprechend ausgefüllten **Abmeldebogen im Sekretariat** der Stammschule. Die Abmeldung wird dokumentiert, das entsprechende Abmeldeformular ist neben dem Sekretariat ausliegend.“ (https://bszgrimma.de/wp-content/uploads/2022/09/1564999505_Belehrungsblatt_Krankheit_12_und_13_2019.pdf)

Ebenso wird in nachfolgendem Gymnasium (Eschbach-Gymnasium Stuttgart) verfahren:

„Entlassung aus dem Unterricht z. B. aufgrund einer Erkrankung/Verletzung:

Bei Erkrankungen oder Verletzungen darf ohne Zustimmung der unterrichtenden Lehrperson und ohne Information des Sekretariats die Schule grundsätzlich nicht verlassen bzw. das Krankenzimmer nicht aufgesucht werden. **Diese Regelung gilt auch für volljährige Schüler/-innen.** Tritt eine Erkrankung/Verletzung im Laufe schulischer Veranstaltungen auf, so holt sich der/die Schüler/-in auf dem Sekretariat einen **Laufzettel** und lässt diesen vom Fachlehrer/von der Fachlehrerin unterschreiben“.
(https://www.eschbach-gymnasium.de/wp-content/uploads/2022/02/Schulordnung.pdf)

24. Fall: „Geh ins Sekretariat! Ich darf die Klasse doch nicht alleine lassen ...!" – Erste Hilfe-Pflicht

Während des Unterrichtes äußert eine Schülerin einer 6. Klasse plötzlich, ihr sei schlecht und schwindelig. Die Schülerin ist plötzlich sehr bleich geworden und hat Mühe, von ihrem Platz aufzustehen. Die Lehrerin entschließt sich, die Schülerin selbst in das Schulsekretariat zu begleiten, um einen Notarzt zu rufen, da sie einen Kreislaufzusammenbruch oder eine Anfallserkrankung für möglich hält und fürchtet, begleitende Mitschüler könnten mit der Situation überfordert sein. Während ihrer Abwesenheit spielen die Schüler der Klasse an der Tür des Klassenzimmers. Als ein Schüler die Tür plötzlich zuschlägt, wird einem anderen die Fingerkuppe abgetrennt.
Der Notarzt stellt bei der Schülerin eine harmlose Kreislaufschwäche fest.

Als erfahrene Schulverwaltungskraft kennen Sie die Ausreden der Lehrkräfte, warum diese nicht auf erkrankte Kinder und auf die zu unterrichtende Klasse gleichzeitig aufpassen können. Da liegt es aus Lehrermangel, Krankheiten der Lehrer etc. natürlich nahe, die Schulverwaltungskraft – quasi als Hilfsperson – zur Aufsicht hinzuzuziehen. Doch stimmt das Argument der Lehrer: „Ich darf doch die Klasse nicht alleine lassen?"

In vorliegendem Fall waren zwei Gefahren abzuwenden: auf der einen Seite musste die möglicherweise ernsthaft erkrankte Schülerin ärztlich behandelt, auf der anderen Seite musste die Klasse beaufsichtigt werden. Man spricht hier juristisch von einem sog. **determinierten Zielkonflikt**. Die Lehrerin hat die der Schülerin drohende Gefahr in dem Augenblick der Wahrnehmung (als Nichtärztin) als akuter und größer eingeschätzt und sich um eine Abwendung dieser Gefahr bemüht. Sie hat dabei angesichts der in der gegebenen Situation erkennbaren Gefahren richtig gehandelt. Die Tatsache, dass sich die Annahme, der Schülerin drohe eine akute Gefahr, im Nachhinein als falsch erwiesen hat, ist unbeachtlich, da es für die Beurteilung von Aufsichtssituationen nicht auf den Kenntnisstand zu einem späteren Zeitpunkt sondern ausschließlich auf die in der Entscheidungssituation erkennbaren Gefahren und angesichts der Unmöglichkeit, beide Gefahren abzuwehren, auf die Entscheidung für die Abwehr der vermutlich größeren Gefahr ankommt.

Das heißt: Das oft geäußerte Argument der Lehrer („Ich darf doch die Klasse nicht alleine lassen! Geh doch ins Schulsekretariat, die werden dich ins Krankenhaus begleiten!"), zieht juristisch nicht.

Dass Erste-Hilfe-Leistungen in der Schule zunächst stets an das staatliche Lehramt gekoppelt sind, hat der BGH auch in einem aktuelleren Fall bestätigt (Urteil vom 4. April 2019 – III ZR 35/18):

Ein 18-jähriger Schüler erlitt 2013 während des Sportunterrichts einen Zusammenbruch mit Atemstillstand und daraus folgendem schweren Hirnschaden. Die anwesenden Lehrer riefen den Notruf, führten aber offenbar keine Reanimationsmaßnahmen durch. Der Schüler verklagte das Land Hessen wegen unzureichender Erste-Hilfe durch die Lehrer.

Sowohl das Landgericht als auch das Oberlandesgericht wiesen die Klage ab, unter anderem mit der Begründung, es sei nicht sicher feststellbar, ob rechtzeitige Hilfe den Schaden verhindert hätte, und lehnten ein medizinisches Gutachten ab.

Entscheidung des BGH:

Der BGH hob das Urteil des OLG auf und verwies die Sache zurück. Er stellte klar:

- Das Berufungsgericht hätte klären müssen, ob eine Amtspflichtverletzung der Lehrer vorliegt.
- Der Beweisantrag auf ein medizinisches Gutachten zur Kausalität zwischen dem unterlassenen Handeln und dem Hirnschaden hätte nicht abgelehnt werden dürfen.
- Auch wenn die Erste-Hilfe-Pflicht eine Nebenpflicht ist, kann bei Verletzung eine Haftung bestehen – auch bei einfacher Fahrlässigkeit.
- Lehrer sind nicht durch das Nothelferprivileg (§ 680 BGB) geschützt, da sie dienstlich zur Hilfeleistung verpflichtet sind.
- Sportlehrer müssen Erste-Hilfe-Kenntnisse besitzen und sind während des Unterrichts zur Gefahrenabwehr verpflichtet.

Auswirkungen auf die Schulverwaltungskraft:

- Jeder Lehrer ist verpflichtet im Rahmen seiner Möglichkeiten Erste Hilfe zu leisten
- Jeder Lehrer muss täglich die bestmögliche Erste-Hilfe-Leistung für die in seiner Betreuung stehenden Kinder garantieren. Er muss sich selbst um seine Erste-Hilfe-Fortbildungen kümmern
- Wenn im Physikunterricht ein Stromschlag entsteht, wenn im Chemieunterricht Säure austritt, im Sportunterricht ein Kind vom Reck fällt, während der Pause ein Schüler stürzt, und dem Kind dabei etwas passiert, so ist der aktuell unterrichtende bzw. aufsichtspflichtige Lehrer verantwortlich. Die Kinder in das Schulsekretariat zu schicken damit sie dort „verarztet“ werden, ist arbeitsrechtlich nach Sicht des BGH nicht haltbar.

Ebenso sieht es das OLG Düsseldorf, wie in nachfolgendem Fall deutlich wird:

Im Juni 2019 starb eine 13-jährige Diabetikerin während einer Studienfahrt nach London an den Folgen von Insulinmangel. Zwei Lehrerinnen, die die Fahrt begleiteten, wurden vom Landgericht Mönchengladbach wegen fahrlässiger Tötung durch Unterlassen zu Geldstrafen verurteilt.

Die Lehrerinnen hatten es versäumt, sich vor der Fahrt schriftlich nach Vorerkrankungen der Schüler zu erkundigen. Hätten sie dies getan, hätten sie von der Diabeteserkrankung des Mädchens erfahren und auf deren sich verschlechternden Zustand rechtzeitig medizinisch reagieren können. Eine frühzeitige Krankenhauseinweisung hätten laut Gutachten den Tod des Mädchens wahrscheinlich verhindert.

Auch wenn das Mädchen und ihre Eltern die Erkrankung nicht mitgeteilt hatten, trugen die Lehrerinnen eine besondere Sorgfaltspflicht. Das Gericht stellte fest, dass Lehrer, die eine Studienfahrt organisieren und durchführen, grundsätzlich die Pflicht haben, bei der Planung einer solchen Reise den sichersten Weg zu beschreiten und bei allen Schülern Vorerkrankungen oder gesundheitliche Besonderheiten schriftlich abzufragen haben. Eltern sind nach dem Schulgesetz verpflichtet, die Schule über chronische Erkrankungen umfassend zu informieren, wenn dies für den Schulalltag relevant ist. Die Lehrkräfte müssen darüber in Kenntnis gesetzt werden, um welche chronische Erkrankung es sich handelt, welche Auswirkungen sie auf den Schulalltag haben kann und welche Maßnahmen im Falle eines akuten Krankheitsschubs erforderlich sind.

Folglich **sind Lehrkräfte verpflichtet, sich vor der Schulfahrt umfassend – insbesondere durch schriftliche Fragebögen – zu informieren**. Eine rein mündliche Nachfrage nach gesundheitlichen Besonderheiten, wie etwa Reiseübelkeit, genügt hierfür nicht.
(OLG Düsseldorf, ebenda).

Als Hilfe dient der in diesem Buch aufgeführte Elternbogen: „Medikamentengabe in der Schule“ (s. S. 68–72).

25. Fall: „Frau Müller, könnten Sie mal eben auf die 8c aufpassen?“ – Aufsichtsübernahme durch die Schulverwaltungskraft

An einer weiterführenden Schule in Sachsen stand ein Schulfest an. Auf diesem Schulfest sollten Schulkinder u. a. auch Turnübungen vorführen. Verantwortlich für diese Turnaufführung war die Sportlehrerin (S). Während der Proben wurde S oft gebraucht und so kam es, dass sie ihrer eigentlichen Aufgabe (neben Sport unterrichtete sie noch Mathematik) nicht immer nachkommen konnte. Für die betroffenen Klassen war daher Stillbeschäftigung vorgesehen. Diese sollte – vom Schulleiter der Schule auch so angeordnet – von der im Sekretariat arbeitenden Schulsekretärin mit überwacht werden. Als die Sportlehrerin S wieder in der Turnhalle benötigt wurde, erteilte der Schulleiter der Schulsekretärin (K) die Dienstanweisung, während der Doppelstunde die Aufsicht dieser 8. Klasse mit zu übernehmen. Das tat die beauftragte Schulsekretärin auch ohne Widerspruch. Zum Beginn der Unterrichtsstunden schaute sie eine Viertelstunde in die Klasse, wandte sich dann aber wieder ihrer regulären Sekretariatstätigkeit zu. Bereits kurz nach dem Weggang von K kam es zum Bewerfen der Schüler untereinander mit Kreide, Radiergummis und Bleistiften. Dabei wurde ein Schüler durch ein solches „Wurfgeschoss“ so schwer am Auge verletzt, dass zwei intensive Augenoperationen vorgenommen werden mussten. Trotzdem blieb der verletzte Schüler auf dem linken Auge so gut wie blind. Es konnte in dem Durcheinander nicht mehr ermittelt werden, wer den Schüler am Auge so erheblich verletzte.

Hier geht es um die Frage der Aufsichtsübernahme durch Schulverwaltungskräfte: Darf ich generell als Schulverwaltungskraft Aufsichtsaufgaben übernehmen? Darf ich Aufsicht führen über Kinder, die unflätig waren und im Sekretariat „geparkt“ werden? Darf ich Aufsicht übernehmen über Kinder, die im Sanitätsraum sitzen? Darf ich „mal eben kurz“ eine Pausenaufsicht übernehmen?

Werden Aufsichtsaufgaben auf den Schulhausmeister oder die Schulverwaltungskraft übertragen, sind neben den generellen Bedingungen für die Übertragung von Aufsichtsaufgaben auch die Arbeitsverträge dieser Personen zu beachten, da sie zwar – logischerweise – die Weisungen des Schulleiters befolgen müssen, diese Weisungen sich aber immer im Rahmen eines gültigen Arbeitsvertrags halten müssen.

Mit wem hat die Schulsachbearbeiterin einen Arbeitsvertrag? Nicht beim Land, dem Dienstherrn der Lehrer, sondern beim Schulträger, also meist der Kommune. Das heißt, der Schulleiter ist der Schulverwaltungskraft zwar weisungsbefugt, aber er darf diese Weisung eben immer nur im Einverständnis mit dem Schulträger anweisen. Er kann eben nicht sagen: „Liebe Sekretärin, fahren Sie mal bitte in die Stadt, um Blumen zu kaufen, die Konrektorin hat heute Geburtstag!" Warum kann er das nicht? Dies wäre eine Dienstfahrt und Dienstfahrten anordnen kann nur das Haupt- und/oder Personalamt des Schulträgers. Er kann eben nicht sagen: „Bringen Sie bitte heute Nachmittag einmal die Post weg!" (zumal das oft auch Aufgabe des Hausmeisters oder des Dienstboten ist), er kann nicht dienstlich anweisen, dass die Sekretärin belegte Brötchen kaufen soll, da die Referendare gerade Abschlussprüfung haben. Dies geht nur nach ausdrücklicher (schriftlicher) Anordnung und Genehmigung des eigentlichen Arbeitgebers der Schulverwaltungskraft (wie genannt: Haupt- und/oder Personalamt); er kann eben nicht sagen: „Übernehmen Sie bitte einmal Aufsicht über die Kinder!"

Losgelöst von allen Arbeitsverträgen ist zu beachten, dass die **Aufsichtsverpflichtung grundsätzlich nur für Lehrer** besteht. Zum obigen Fall führt z. B. der Verwaltungsgerichtshof Baden-Württemberg richtungsweisend aus:

„als verantwortlich zu betrauende Aufsichtspersonen kommen grundsätzlich nur Lehrer in Betracht.

Dies ist für die Aufsichtsführung während der Unterrichtsstunden oder sonstiger schulischer Veranstaltungen als Annex der Lehrtätigkeit (ja sogar) selbstverständlich. Aber auch für die unterrichtsfreien Zeiträume bleibt die Beaufsichtigung der Schüler während ihres Aufenthalts im Schulbereich eine erzieherische und betreuende Aufgabe, die an das Lehramt gekoppelt ist. Das bedeutet insbesondere, dass der Schulhausmeister (oder die in den Diensten des Trägers stehende Schulsekretä-

rin) als verantwortlich zu betrauende Aufsichtsperson grundsätzlich ausscheidet. Dies gilt auch dann, wenn der Schulträger – wie es hier anscheinend der Fall ist- damit einverstanden ist, dass der in seinen Diensten stehende Hausmeister (bzw. die Schulsekretärin) verantwortlich zur Aufsichtsführung herangezogen wird. Ein solches Einverständnis berührt lediglich das Verhältnis zwischen Schule und Schulträger und hat keinerlei Einfluss auf die rechtliche Einordnung der schulischen Aufsichtspflicht als eine vom Schulleiter und dem Lehrerkollegium wahrzunehmende Aufgabe. Daran ändert auch die Vorschrift nichts, wonach der Schulleiter gegenüber den an der Schule tätigen Personen, nicht im Dienst des Landes stehenden Bediensteten – wie Schulhausmeister oder Schulsekretärin – „die aus der Verantwortung für einen geordneten Schulbetrieb sich ergebende Weisungsbefugnis" hat. Selbst wenn danach rechtsgrundsätzlich nicht ausgeschlossen sein sollte, dass Bedienstete des Schulträgers teilweise Aufgaben der Schule erfüllen – vor allem wenn mit dem Schulträger kein Dissens besteht –, ist es gleichwohl nicht zulässig, die Erfüllung einer so fundamentalen schulischen Aufgabe wie der Aufsichtspflicht generell in verantwortlicher Weise dem Schulhausmeister (oder ergo der Sekretärin) zu übertragen."

Deutlicher kann man es nicht sagen: Die Schulverwaltungskraft scheidet demnach als zu betreuende Aufsichtsperson grundsätzlich aus.

Dass dieses Urteil auch deutschlandweit umgesetzt wird, beweist nachfolgende Homepage eines Schulträgers:

„Die Schulsekretärinnen werden vom Schulträger eingestellt. Dieser legt auch – angelehnt an die Vorgaben des Schulgesetzes und der kommunalen Spitzenverbände – die Arbeitszeiten der Sekretärinnen eigenverantwortlich fest.

Die Aufgaben der Schulsekretärin wurden von der KGSt beschrieben (...).

Wohlgemerkt sei darauf hingewiesen, dass die Sekretärin nicht während des gesamten Schultages für Eltern die Ansprechperson oder für Schüler gar Aufsichtsperson ist. Die Aufsichtspflicht in der Schule obliegt dem Personal des Landes"
(Homepage der Stadtverwaltung Syke).

Aber auch der BGH schrieb in einem wie dem oben geschilderten Fall:

Der BGH stellte fest, dass ein Schulleiter, der eine wie in obigem Fall angeordnete Mitbeaufsichtigung anordnet, eine Amtspflichtverletzung begehe. Es sei eine Erfahrungstatsache, dass unbeaufsichtigte Schüler in den Unterrichtsräumen gern Unfug trieben, und zwar umso lieber, je länger die Klasse ohne Aufsicht sei. Deshalb hat er eine Klasse mit 14- bis 15-jährigen Schülern nicht während zweier Unterrichtsstunden ohne wirksame Aufsicht lassen dürfen.

Dies sei umso gravierender, da er schon vorher gewusst habe, dass Unterricht ausfallen werde. Notfalls hätte er den Stundenplan so ändern müssen, dass eine Beaufsichtigung aller Schüler zu jeder Zeit gewährleistet gewesen sei.

Zusammengefasst (Entscheidung des BGH, Urteil vom 19.6.1972):
Es genügt nicht, dass eine Schulklasse von der Lehrkraft im Nebenzimmer (ergo von der Schulsekretärin aus dem Schulsekretariat heraus) mitbeaufsichtigt wird. Ein Schulleiter, der dies anordnet, begeht eine Amtspflichtverletzung.

26. Fall: „Sie haben bei der Anmeldung einen Fehler gemacht! Ich zeige Sie an!" – Sorgerecht und Schulanmeldungen

Eine von ihrem ehemaligen Ehemann getrennt lebende Mutter (beide Elternteile haben das sog. gemeinsame Sorgerecht für ein Kind), erscheint zu einem Aufnahmetermin an einer Grundschule in Schleswig-Holstein und meldet die gemeinsame Tochter dort an. Da die Tochter bei der Mutter gemeldet ist, reicht der Schulverwaltungskraft bei dieser Anmeldung die alleinige Unterschrift der Kindsmutter, die ihr bestätigt: „Das darf ich schon alleine entscheiden, an welche Schule unser Kind kommt. Ich habe das Aufenthaltsbestimmungsrecht und das Kind lebt hauptsächlich bei mir." Der getrennt lebende Vater bekommt die „Anmeldeaktion" der Mutter mit und beauftragt einen Rechtsanwalt, gegen diese Schulanmeldung vorzugehen: Er habe schließlich das gemeinsame Sorgerecht und eine „so wichtige Entscheidung" – nämlich in welche Schule das gemeinsame Kind kommt – könne die Kindsmutter nicht alleine entscheiden.

Am darauffolgenden Tag steht der Kindsvater, in Anwesenheit seines Anwalts, im Schulsekretariat und macht der Schulsekretärin gegenüber deutlich, dass die Rechtsvertretung des Kindsvaters nun die Sekretärin anzeigen werde. Und zwar aus folgenden Gründen:

1. *„Die Eltern leben getrennt, haben aber das gemeinsame Sorgerecht. Das Sorgerecht ist im BGB geregelt und stellt „Angelegenheiten von erheblicher Bedeutung" den „Angelegenheiten des täglichen Lebens" gegenüber. „Angelegenheiten von erheblicher Bedeutung" sind so prägend für das Kind, so entscheidend und so schwer abänderbar, dass in bestimmten Dingen, für bestimmte Entscheidungen das Einverständnis beider Sorgeberechtigter einzuholen ist. Eine Schulanmeldung ist eine Angelegenheit von erheblicher Bedeutung. Legen Sie hier bitte vor: die Unterschrift des Kindsvaters auf dem Anmeldebogen oder ein Fax, eine E-Mail, in dem der Vater deutlich*

macht, dass er Kenntnis von dieser Schulanmeldung hat und mit dieser Entscheidung einverstanden ist!

2. *Im Regelfall erhalten die Eltern nach einer Scheidung gemeinsam das Sorgerecht. Es erweist sich in der Praxis immer wieder als schwierig abzugrenzen, in welchen Fällen eine Zustimmung des jeweils anderen Sorgeberechtigten einzuholen ist. Für Entscheidungen, die für das Kind von erheblicher Bedeutung sind, ist das gegenseitige Einvernehmen der Sorgeberechtigten herzustellen (beispielsweise für die An- und Abmeldung an einer Schule, die Abmeldung vom Religionsunterricht, den Rücktritt in eine niedrigere Jahrgangsstufe oder den Antrag auf längerfristige Beurlaubung etc.); (Schulrundschreiben des MBF vom 13.8.2008, III 165-321.2213).*
3. *Bei Fällen wie schwere Körperverletzungen während des Schulbetriebs, schwere Straßenverkehrsunfälle auf dem Schul- oder Unterrichtsweg, schweren plötzlichen Erkrankungen während des Schulbetriebs, Amoksituationen etc. sind bei getrennt lebenden Eltern mit gemeinsamen Sorgerecht sowieso stets beide Elternteile zu informieren. Legen Sie daher bitte vor: die Handynummer meines Mandaten am Arbeitsplatz, die private Handynummer sowie den Hausanschluss, sonst können Sie als Schule in einem solchen Fall den Kindsvater ja gar nicht informieren!*
4. *Wie Sie sich erinnern, haben Sie als Verwaltungskraft bei Dienstantritt die Kenntnisnahme § 8 Abs. 1 des BAT, ersetzt im TvöD durch § 41 BT-V, unterschrieben. Demnach gilt: Von der Beschäftigten wird wie von der Beamtin ein erhöhtes Pflichtbewusstsein und ein vorbildliches gesetzestreues Verhalten gefordert, welches sich über der Erwartungshaltung eines Durchschnittsstaatsbürgers orientiert. Sie haben demnach Gesetze vorbildlich einzuhalten bzw. anzuwenden."*

Haben die Eheleute, welche sich scheiden lassen wollen, gemeinsame minderjährige Kinder, für welche sie das gemeinsame Sorgerecht haben, so werden sie grundsätzlich auch nach dem Ehescheidungsverfahren das gemeinsame elterliche Sorgerecht behalten. Innerhalb des Scheidungsverfahrens oder innerhalb eines separat geführten Sorgerechtsverfahrens wird nur dann über das Sorgerecht entschieden, wenn dies durch einen oder beide Ehegatten gerichtlich beantragt wird. Ohne einen solchen Antrag bleibt es auch nach der Ehescheidung beim gemeinsamen Sorgerecht für die gemeinsamen minderjährigen Kinder.

Nach der Trennung der Eheleute leben die gemeinsamen Kinder für gewöhnlich im Haushalt eines Elternteils, also entweder bei der Mutter oder beim Vater. Der Elternteil, bei welchem das Kind nun seinen gewöhnlichen Aufenthalt hat, hat die Entscheidungsbefugnis bezüglich sämtlicher Angelegenheiten des täglichen Lebens des Kindes. Dies gilt auch dann, wenn beide Eltern gemeinsam sorgeberechtigt sind. Das gemeinsame Sorgerecht wirkt sich erst bei **Angelegenheiten von erheblicher Bedeutung** praktisch aus. Hierunter zählen beispielsweise folgende Angelegenheiten des Kindes:

- Wahl der Schulart (private bzw. freie Montessori-, Waldorf-, Evangelische Bekenntnisschule, Sportinternat, bilinguale Grundschule oder öffentliche allgemeinbildende Schule?) und der Schule an sich (Grundschule West, Grundschule Mitte, Grundschule Ost?) , der Ausbildungsstätte (Ausbildung bei der Stadtverwaltung oder zum KFZ-Mechaniker?), der Fächer und Fachrichtungen (bspw. am Gymnasium: altsprachlicher Zweig: griechisch und Latein oder naturwissenschaftlicher Zweig?), Besprechung mit Lehrern über gefährdete Versetzungen, Entscheidung über Internatserziehung, Unterbringung von Schülern in Ganztagseinrichtungen,
- Operationen (außer in Eilfällen), medizinische Behandlungen mit erheblichem Risiko, grundlegende Entscheidungen der Gesundheitsvorsorge,
- Grundentscheidung darüber, bei welchem Elternteil das Kind lebt, freiheitsentziehende Unterbringung,
- Grundentscheidung bezüglich des Umgangs des Kindes mit Dritten, betreffend das Ob und den Umfang des Umgangs,
- grundlegende Fragen der Art der Anlage von Kindesvermögen, grundlegende Frage der Verwendung.

Das heißt kurzgefasst: Angelegenheiten von erheblicher Bedeutung sind so prägend, so entscheidend, so unabänderbar, dass diese der **Zustimmung beider Elternteile** bedürfen.
Hingegen sind die bereits angesprochenen **Angelegenheiten des täglichen Lebens** weniger einschneidende Angelegenheiten. Hierzu zählen insbesondere die folgenden:

- Teilnahme an Sonderveranstaltungen in der Schule (Schulchor, Theater-AG, Notwendigkeit von Nachhilfe),
- Behandlung leichter Erkrankungen üblicher Art (z. B. Erkältung), alltägliche Gesundheitsvorsorge (Kariesprophylaxe, Routineimpfungen),
- Teilnahme am Ferienlager (Pfadfinder, Sportvereinswochenende etc.),
- Besuch bei Großeltern,
- Flugreisen im europäischen Ausland.

Gegenüberstellend dient nachfolgende Tabelle zur Veranschaulichung:

Informationen zum gemeinsamen Sorgerecht
(Beispiele für Angelegenheiten des täglichen Lebens und Angelegenheiten von erheblicher Bedeutung)

Angelegenheiten von erheblicher Bedeutung	Angelegenheiten des täglichen Lebens
Aufenthalt: Grundentscheidung, bei welchem Elternteil das Kind lebt, freiheitsentziehende Unterbringung	**Aufenthalt:** Aufenthalt im Einzelnen (Teilnahme am Ferienlager, Besuch bei den Großeltern etc.)
Pass- und Meldewesen: An- und Abmeldung, Antrag auf Kinderausweis, Reisepass	**Pass- und Meldewesen:** Personalausweis und/oder Pass ab 16. Lebensjahr: Der Jugendliche ist selbst berechtigt, Anträge zu stellen.
Gesundheit. Operationen (außer in Eilfällen), medizinische Behandlungen mit erheblichem Risiko, grundlegende Entscheidungen der Gesundheitsvorsorge	**Gesundheit:** Behandlungen leichter Erkrankungen üblicher Art (z. B. Erkältungen), alltägliche Gesundheitsvorsorge, Routineimpfungen

Angelegenheiten von erheblicher Bedeutung	Angelegenheiten des täglichen Lebens
Umgang: Grundentscheidungen des Umgangs, § 1632 Abs. 2 BGB (betreffend das Ob und die Dimension des Umgangs, z. B. Umgang des Kindes mit seinen Eltern, Geschwistern oder Großeltern); Umgangsvereinbarungen z. B.: Termine; gemeinsame Reisen mit dem Elternteil, in dessen Haushalt das Kind nicht lebt	**Umgang:** Einzelentscheidungen im täglichen Umgang (z. B. Kontakte des Kindes zu anderen Kindern, Fernhalten eines unerwünschten Kindes)
Schule/Ausbildung: Wahl der Schulart und Schule, Schulan- und -abmeldungen, Entscheidung über Internatserziehung, der Fächer und Fachrichtungen, Besprechung mit Lehrern über gefährdete Versetzung; Unterbringung ganztägig an GT-Schulen	**Schule/Ausbildung:** Schul-/Ausbildungs-entschuldigung im Krankheitsfall, Teilnahme an Veranstaltungen, Notwendigkeit von Nachhilfe, unbedeutendere Wahlmöglichkeiten im Rahmen des gewählten Ausbildungsgangs (z. B. Schulchor, Arbeitsgemeinschaften etc.)
Status- und Namensfragen: sind stets von erheblicher Bedeutung	
Vermögenssorge: grundlegende Fragen der Art der Anlage von Kindesvermögen, grundlegende Fragen der Verwendung	**Vermögenssorge:** vergleichsweise unbedeutende Angelegenheiten (etwa Verwaltung von kleineren Geldgeschenken); Taschengeldregeln in § 110 BGB beachten!
Geltendmachung von Unterhalt: Der betreuende Elternteil kann auch bei gemeinsamer elterlicher Sorge Unterhaltsansprüche des Kindes gegen den anderen Elternteil geltend machen.	

Bei Gefahr im Verzug ist selbstverständlich jeder Elternteil zu den notwendigen Handlungen berechtigt. Der andere Elternteil ist unverzüglich zu unterrichten.

1. Fall: Getrennt lebende Eltern mit gemeinsamem Sorgerecht

Bei getrenntlebenden Eltern mit gemeinsamem Sorgerecht braucht die Schule die Unterschrift von beiden Sorgeberechtigten. Der bei der Anmeldung dabei abwesende Elternteil hat 14 Tage Zeit, die zweite Unterschrift auf dem Aufnahmebogen zu tätigen/eine Vollmacht via Mail, Fax oder Brief zu schicken (Aufpassen: Die Schulverwaltungskraft ist keine Grafologin, kein Privatdetektiv und auch kein Staatsanwalt, d. h., Sie müssen glauben, was man Ihnen abgibt und müssen nicht die Echtheit der Unterschrift auf Anmeldebögen etc. überprüfen).

Bringt der nicht erschienene Elternteil die Unterschrift nach 14 Tagen nicht bei, ist die Sache für die meist mit aufnehmende Schulverwaltungskraft erledigt. Sie teilt dem Schulleiter mit, dass bei Familie xy die Unterschrift von x fehlt und fertigt darüber eine Gesprächsnotiz an (Schulleiter mitgeteilt, dass bei Familie xy noch die Unterschrift von dem Erziehungsberechtigten x fehlt. Ort, Datum, Unterschrift).

Der Schulleiter bittet dann das Jugendamt um Mithilfe zur Klärung der Schulanmeldung. Dieses kann in Streitfragen das Familiengericht zur klärenden und finalen Entscheidung hinzuziehen.

Zusammengefasst: Besteht ein gemeinsames Sorgerecht der Eltern, müssen diese nach der Trennung weiterhin gemeinsam Verantwortung für ihre Kinder tragen. Zwar hat derjenige Elternteil, bei dem das Kind lebt, die alleinige Entscheidungsbefugnis in allen Angelegenheiten des täglichen Lebens. In Dingen, die für das Kind von erheblicher Bedeutung sind, müssen die Eltern jedoch weiterhin kooperieren und gemeinsam Entscheidungen treffen. Dazu gehören die Wahl des Kindergartens, der Schulen, die Entscheidung über die Ausbildung und über medizinische Maßnahmen, die mit Komplikationen oder Nebenwirkungen verbunden sein können. Können sich die Eltern nicht über einen Schulwechsel oder die Schulwahl einigen, bestimmt das Gericht nach Maßgabe des Wohls des Kindes über die Schulwahl.

So kann es für ein Kind sinnvoller sein, nach einem Umzug der Mutter in einen anderen Ort auch während des laufenden Schulbetriebs die Schule zu wechseln. Mit einem solchen Fall hatte sich das Schleswig-Holsteinische Oberlandesgericht 2010 (OLG Schleswig-Holstein, Beschluss vom 7.12.2010 – AZ: 10 Uf 186/10/– „Arbeitsgemeinschaft Familienrecht des Deutschen Anwaltvereins [DAV]“) zu befassen. Es ging dabei um die Umschulung eines neunjährigen Grundschulkindes. Die miteinander verheirateten Eltern hatten sich getrennt, die Mutter war mit den gemeinsamen Kindern in einen anderen Ort gezogen und hatte dort das jüngste Kind in der Grundschule angemeldet. Hiermit war der Vater nicht einverstanden. Er bot an, das Kind jeden Tag morgens bei der Mutter abzuholen, mit dem Auto zu der bisher besuchten Grundschule zu fahren und auch wieder nach Schulschluss zurückzubringen. Die Mutter wandte sich daraufhin an das Familiengericht und beantragte im Eilverfahren, ihr die Entscheidungsbefugnis für die Schulwahl alleine zu übertragen. Sowohl die erste als auch die zweite Instanz gaben ihr Recht.

Maßstab für die Entscheidung, welchem der beiden Elternteile die alleinige Entscheidungsbefugnis für die Frage des Schulbesuchs übertragen werde, sei das Wohl des Kindes. Die Schule am Wohnort der Mutter sei im Rahmen eines zehnminütigen Fußwegs zu erreichen. Für das Kind entfielen aufwendige Fahrten, die bei Beibehaltung des bisherigen Schulorts anfallen würden. Im Hinblick auf die weitere Schulzeit des Kindes, die durch eine steigende Stundenzahl und eine Abnahme der Freizeit gekennzeichnet sei, sei es sinnvoll, eine Schule für das Kind zu wählen, die in der Nähe liege. Auch bestünden Zweifel, ob der Vater langfristig in der Lage sei, das Kind mit dem Auto an seinen bisherigen Schulort zu bringen. Der teilweise Verlust des bisherigen schulischen und damit auch des sozialen Umfelds wiege dagegen nicht so schwer, dass aus Gründen des Kindeswohls ein weiterer Besuch der alten Schule notwendig sei. Dies gelte insbesondere vor dem Hintergrund, dass das Kind bereits seit August des vorangegangenen Jahres die neue Schule am Wohnort der Mutter besuche.

Im Übrigen stellt auch die **Schulabmeldung eine Angelegenheit von erheblicher Bedeutung** dar und ist daher unterschriftspflichtig von beiden Sorgeberechtigten.

Fall hierzu (OLG Dresden, Beschluss vom 15.10.2002 – Az.: 10 UF 433/02 –; Rechtsnormen: §§ 1671, 1687 BGB):

Beide Eltern haben das gemeinsame Sorgerecht, leben aber getrennt. Die Mutter hat das Aufenthaltsbestimmungsrecht und möchte mit dem Kind umziehen. Für diesen Schulwechsel geht sie an die Schule, um das Kind dort abzumelden. Sie begründet diese alleinige Entscheidung damit, dass sie das Aufenthaltsbestimmungsrecht habe.

„Obliegt das Aufenthaltsbestimmungsrecht bei ansonsten gemeinsamer Sorge nur einem Elternteil, so kann dieser zwar mit dem Kind umziehen; ein dadurch notwendiger Schulwechsel bedarf aber des Einverständnisses des anderen Elternteils. Denn:

Ein Schulwechsel ist keine Angelegenheit des täglichen Lebens, d. h. keine Angelegenheit, die häufig vorkommt und die keine schwer abzuändernden Auswirkungen auf die Entscheidung des Kindes hat (so die Legaldefinition in § 1687 Abs. 1 Satz 3 BGB), für die dem Elternteil, bei dem sich das Kind mit Einwilligung des anderen Elternteils gewöhnlich aufhält, auch bei fortbestehender gemeinsamer Sorge nach § 1687 Abs. 1 S. 2 BGB die alleinige Entscheidungsbefugnis zusteht."

Schulzeugnis muss an beide Elternteile gehen
Haben die Eltern ein gemeinsames Sorgerecht für ihr Kind, so hat auch das Elternteil, bei dem das Kind nicht lebt, das Recht, eine Zweitschrift des Zeugnisses von der Schule seines Kindes zu verlangen.

2. Fall: Alleinerziehende
Für die Schulanmeldung wird eine Kopie der Geburtsurkunde des Kindes benötigt. Bei Alleinerziehenden ist der urkundliche Nachweis für die alleinige Sorgeberechtigung beizufügen (sog. „Negativbescheinigung" des Jugendamts/Gerichtsurteil zum Sorgerecht vom Familiengericht). Im Aufnahmebogen der Schule kann die Frage nach dem Sorgerecht beispielsweise in folgender Form aufgenommen werden: „Bei Alleinerziehenden: Haben Sie das alleinige Sorgerecht? Ja/Nein (Bitte Gerichtsurteil vorlegen)." Das Urteil ist aufgrund der Datenschutzgrundverordnung und der Schulgesetze, die abschließend festlegen, welche Daten eines Kindes erhoben werden dürfen, keinesfalls zur Schülerakte zu nehmen. Der Nachweis der Sorgeberechtigung kann durch das Schulverwaltungspersonal auf dem Aufnahmebogen vermerkt werden.

3. Fall: Lebensgemeinschaften
Bei Lebensgemeinschaften kann auf dem Aufnahmebogen wie folgt gefragt werden: „Hat der Vater eine Sorgerechtserklärung abgegeben: Ja/ Nein". In diesen Fällen kann ebenfalls die Vorlage eines entsprechenden Nachweises erbeten werden. Auch dieser Nachweis ist nicht zur Schü-

lerakte zu nehmen. Liegt keine Sorgerechtserklärung vor, wollen aber beide Lebenspartner über die schulischen Leistungen des gemeinsamen Kindes informiert werden, ist die schriftliche Einverständniserklärung der Mutter erforderlich. Bei Eltern, die nicht miteinander verheiratet sind, ist ebenfalls eine bestätigte Sorgerechtserklärung beizufügen (Jugendamt/Familiengericht). Bei getrenntlebenden ist ebenfalls ein urkundlicher Nachweis der Sorgeberechtigung beizufügen (Jugendamt/ Familiengericht).

4. Fall: „Klassisch verheiratete Eltern" mit gemeinsamem Sorgerecht und im selben Haushalt des gemeinsamen Kinds lebend

Hier reicht ohne Nachweis die Unterschrift von beiden Sorgeberechtigten auf dem Aufnahmebogen.

Ein Schreiben der Landesschulbehörde, welches an alle Schulen in Niedersachsen ging, erläutert das Thema Erziehungsberechtigte sehr anschaulich:

„Personensorgeberechtigung, Schriftverkehr mit den Erziehungsberechtigten und Rechtsanwälten (vgl. Aufsätze in SVBl. 6/1999 S. 136; SVBl. 11/2000 S. 496):

Die Schulen haben sich in allen Fragen, die Elternrechte oder –pflichten berühren, an dem Begriff der Erziehungsberechtigten in § 55 NSchG zu orientieren, weil davon im Einzelfall die Wirksamkeit einer Entscheidung oder Rechtshandlung abhängt. Als Erziehungsberechtigte i. S. d. NSchG gelten diejenigen Personen, denen alleine oder gemeinsam mit einer anderen Person das Personensorgerecht für die Schülerin oder den Schüler zusteht.

1. *Regelfall „Gemeinsame Sorge":*
   Von verheirateten Eltern wird das Sorgerecht gemeinsam ausgeübt. Gleiches gilt in den Fällen, in denen nicht miteinander verheiratete Eltern in öffentlich beurkundeten Sorgeerklärungen nach §§ 1626 a, 1626 d BGB erklärt haben, dass sie die Sorge gemeinsam übernehmen wollen. Im Falle einer Trennung oder Scheidung wird die Personensorge grundsätzlich weiter von beiden Eltern gemeinsam ausgeübt. Die Personensorge wird ebenfalls gemeinsam ausgeübt für ein

Kind, dessen allein sorgeberechtigter Elternteil wieder geheiratet hat und das von seinem Stiefvater oder seiner Stiefmutter adoptiert wurde oder für ein Kind, das von einem Ehepaar als Kind angenommen (adoptiert) wurde. In diesen Fällen ergibt sich zusammenfassend, dass die Sorgeberechtigten alle Rechtshandlungen gegenüber der Schule und der Schulbehörde gemeinsam wahrnehmen müssen. Es bedeutet aber auch, dass Adressat schulischer Schreiben und Verfügungen beide Erziehungsberechtigten sind.

2. *Was heißt „Gemeinsame Sorge“:*
Grundsätzlich haben die Eltern, wenn sie das gemeinsame Sorgerecht haben, alle ihr Kind betreffenden Entscheidungen gemeinsam zu treffen und auch gemeinsam der Schule mitzuteilen. Es muss jedoch zwischen Angelegenheiten von wesentlicher Bedeutung und Angelegenheiten des täglichen Lebens unterschieden werden. Fragen von wesentlicher Bedeutung In Fragen von wesentlicher Bedeutung haben die Erziehungsberechtigten immer gemeinsam zu entscheiden und zu handeln. In diesen Angelegenheiten entscheiden allein die personensorgeberechtigten Eltern bzw. Elternteile oder der Vormund. Fragen von wesentlicher Bedeutung sind solche, die nur schwer abzuändernde Auswirkungen auf die Entwicklung des Kindes haben. Hierzu gehören z. B. die Auswahl der Schule, die religiöse Erziehung, übrige schulische Verwaltungsakte, wie z. B. die Nichtversetzungsentscheidung, Ordnungsmaßnahmen, Zurückstellung vom Schulbesuch, Feststellung eines sonderpädagogischen Förderbedarfs etc. Das bedeutet, dass die Eltern die Erziehungsaufgabe und damit alle Rechtshandlungen gegenüber der Schule und der Schulbehörde gemeinsam wahrnehmen müssen. Anträge, Widersprüche und andere rechtserhebliche Erklärungen müssen also von beiden Elternteilen abgegeben werden. Schulische Schreiben und Entscheidungen müssen an beide Erziehungsberechtigten adressiert sein und – sollten sie nicht gemeinsam wohnen – beiden getrennt zugesandt werden. Angelegenheiten des täglichen Lebens Die gemeinsame Wahrnehmung der Personensorge gilt in dem Falle, in dem das Kind bei beiden Sorgeberechtigten wohnt, auch für Angelegenheiten des täglichen Lebens, doch kann in Ermangelung von Hinweisen auf das Gegenteil davon ausgegangen werden, dass der Elternteil, der mit der Schule in

Kontakt steht, regelmäßig durch den anderen Elternteil bevollmächtigt ist. Angelegenheiten des täglichen Lebens sind Angelegenheiten, die häufig vorkommen und keine schwer abzuändernden Auswirkungen auf die Entwicklung des Kindes haben, z. B. Entschuldigungen bei Krankheit oder die Anordnung eines Erziehungsmittels. Anders ist dieses, wenn das Kind nur bei einem der beiden Sorgeberechtigten lebt. In diesem Falle ist das Sorgerecht desjenigen Elternteils, bei dem das Kind nicht seinen gewöhnlichen Aufenthalt hat, gemäß § 1687 BGB beschränkt. Die Entscheidung in Angelegenheiten des täglichen Lebens liegt dann ausschließlich bei dem Elternteil, bei dem sich das Kind gewöhnlich aufhält.

3. *Elterliche Sorge nur eines Erziehungsberechtigten:*
   Die alleinige elterliche Sorge ist bei geschiedenen oder getrennten Eltern durch die familiengerichtliche Entscheidung nachzuweisen. Bei Müttern nichtehelicher Kinder kann dieser Nachweis durch ein sog. Negativattest des Jugendamtes erfolgen, in dem das Jugendamt das Nichtvorliegen einer gemeinsamen Sorgeerklärung bestätigt. Auch bei alleiniger elterlicher Sorge kann der andere Elternteil einzelne, vom Familiengericht übertragene Rechte, wie z. B. ein Umgangsrecht mit dem Kind haben. In diesem Falle sind die speziellen Rechte durch die Vorlage des Urteils nachzuweisen. Die Schulen haben jedoch nicht die Aufgabe, wie dieses teilweise von Erziehungsberechtigten gefordert wird, die Kontaktaufnahme zwischen dem nichtsorgeberechtigten Elternteil und dem Kind zu unterbinden. Dieses kommt nur dann in Frage, wenn durch den nichtsorgeberechtigten Elternteil der Schulfriede und die Schulordnung gestört wird. In diesem Falle darf diese Person vom Schulgelände verwiesen werden. Will der allein sorgeberechtigte Elternteil den Kontakt zwischen dem anderen Elternteil und dem Kind in der Schule unterbinden, so hat dieses allein über das Familiengericht zu erfolgen. Die Schulen haben auch bei Vorliegen eines entsprechenden Urteils nicht die Aufgabe, dessen Vollzug sicherzustellen.
4. *Bevollmächtigung des anderen Erziehungsberechtigten:*
   Liegt das Sorgerecht bei beiden Elternteilen, so besteht zur Vereinfachung der Beziehungen zwischen Schule und Erziehungsberechtigten die Möglichkeit, dass der Elternteil, der die Interessen des Kindes in

der Regel gegenüber der Schule wahrnimmt, von dem anderen Elternteil gegenüber der Schule zur Wahrnehmung der Interessen des Kindes bevollmächtigt wird. In diesem Fall entfiele die Pflicht der Schule, in Fragen von wesentlicher Bedeutung mit beiden Elternteilen zu kommunizieren. Eine solche Bevollmächtigung ist insbesondere dann sinnvoll, wenn die Eltern zwar das gemeinsame Sorgerecht haben, aber getrennt oder geschieden leben und sich ein Elternteil vorwiegend um die Beschulung des Kindes kümmert. Eine Pflicht zur Bevollmächtigung besteht jedoch nicht. Ein Formularentwurf für eine solche Bevollmächtigung liegt an (Anlage 1).

5. *Vertretung des/der Erziehungsberechtigten durch einen Rechtsanwalt:*
   Grundsätzlich haben die Erziehungsberechtigten in allen schulischen Angelegenheiten die Möglichkeit, einen Rechtsanwalt mit ihrer Vertretung zu beauftragen. Um Unklarheiten zu vermeiden, sollte von dem Rechtsanwalt gefordert werden, seine Bevollmächtigung unverzüglich durch die Vorlage einer Vollmacht nachzuweisen. Diese muss nach den oben dargelegten Grundsätzen von allen Personensorgeberechtigten unterschrieben sein. Hat der Rechtsanwalt seine Bevollmächtigung ordnungsgemäß nachgewiesen, so ist der gesamte Schriftverkehr mit ihm zu führen. Für die Bekanntgabe von Verwaltungsakten kommt es nunmehr auf seine Person und nicht mehr auf die Personensorgeberechtigten an. Der Rechtsanwalt bleibt im Rahmen seiner Vollmacht solange Ansprechpartner der Schule, bis seine Vollmacht widerrufen wird.
6. *Neue Ehegatten, Lebensgefährten und Lebenspartner:*
   Auch nicht sorgeberechtigte Ehegatten oder Lebensgefährten sind als Erziehungsberechtigte zu behandeln, sofern diese mit dem personensorgeberechtigten Elternteil verheiratet sind oder in einer eheähnlichen Gemeinschaft zusammenleben. Voraussetzung ist, dass diese Personen einen gemeinsamen Haushalt haben und das Kind ständig, also nicht nur vorübergehend, in diesem Haushalt wohnt. Dieses gilt auch für gleichgeschlechtliche Lebenspartnerschaften. Diese als „zusätzliche Erziehungsberechtigte Benannten" haben dieselben Rechte und Pflichten wie die kraft Gesetz oder gerichtlicher Entscheidung Erziehungsberechtigten. Insbesondere im Rahmen der

Elternvertretung sind sie wahlberechtigt und wählbar. Personensorgeberechtigte müssen der Schule jedoch mitteilen, welcher der Fälle des § 55 Abs. 1 S. 2 Nr. 1–3 vorliegt. Dabei ist diese Person namentlich zu bezeichnen und ausdrücklich zu bestimmen, dass sie als erziehungsberechtigt i. S. d. NSchG gelten soll. Liegt eine solche Mitteilung nicht vor, dürfen sich die Schulleitung und die Lehrer in sorgerechtlichen Angelegenheiten nicht an andere Personen wenden, auch wenn sich diese (wie z. B. Großeltern) häufig in schulischen Angelegenheiten um das Kind kümmern. Die Schule kann sich in Angelegenheiten des täglichen Schullebens an Erziehungsberechtigte i. S. d. § 55 Abs. 1 S. 2 Nr. 1 NSchG wenden. Die Schule ist aber nicht verpflichtet dieses zu tun, sondern kann auch den Kontakt zu den originär Erziehungsberechtigten suchen. Da die Übertragung des Erziehungsrechtes jedoch jederzeit widerrufbar ist, müssen sich die Schulen bei Meinungsverschiedenheiten im Zweifel immer an die originären Erziehungsberechtigten wenden.

7. *Pflegepersonen, Erzieher und Betreuer nach § 1688 BGB:*
   Im Gegensatz zu den unter lfd. Nr. 6 aufgeführten Erziehungsberechtigten muss die Schule sich in Angelegenheiten des täglichen Lebens an diesen Personenkreis wenden.
8. *Gesetzliche Vertretung:*
   Die unter lfd. Nr. 6 und 7 aufgeführten Erziehungsberechtigten i. S. d. NSchG sind allerdings keine gesetzlichen Vertreter des Kindes und können damit keine rechtlich bindenden Erklärungen (z. B. Widersprüche, Anträge) abgeben. Es sei denn, ihnen ist hierfür eine Vollmacht erteilt."

Tipp:

▶ Bei der Aufnahme eines Schulkindes können daher zum Thema Sorgerecht nachfolgende zwei Aufnahmebögen hilfreich erscheinen und hinzugezogen werden. So ist sich die Schulleitung auch bei künftigen Entscheidungen darüber im Klaren, wer das Sorgerecht hat:

Formular Erklärung zur Sorgeberechtigung

Schülerin/Schüler: ______________________________ (Name)
Klasse: _____________

Name der Mutter:	Name des Vaters:
Anschrift: Handynummer: Tel.-Nr. Arbeitsplatz: Privater Hausanschluss: Sorgeberechtigt: ja nein	Anschrift: Handynummer: Tel.-Nr. Arbeitsplatz: Privater Hausanschluss: Sorgeberechtigt: ja nein

Alleinerziehende: Hinweis: Sollte nur ein Elternteil sorgeberechtigt sein, ist dies durch Vorlage entsprechender Dokumente nachzuweisen! Alleinsorgeberechtigt: ja nein Vorgelegt: Negativbescheinigung vom: _______________ Gerichtsbeschluss vom: _______________

Bei getrennt lebenden/geschiedenen Eltern: Die Schülerin/der Schüler lebt bei:

o der Mutter
o dem Vater
o _________

______________________ ______________________

Unterschrift der Mutter Unterschrift des Vaters

Vollmacht

(nur bei getrenntlebenden oder geschiedenen Eltern, die das gemeinsame Sorgerecht ausüben)
– das Ausfüllen der Vollmacht ist freigestellt –
Hiermit bevollmächtige ich Frau/Herrn ________________ (Name der Mutter oder des Vaters bei der/dem die Schülerin/der Schüler lebt) die Interessen meiner Tochter/meines Sohnes ________________ (Name der Schülerin/des Schülers) in allen schulischen Angelegenheiten gegenüber der zu besuchenden Schule und der Schulbehörde zu vertreten. Die Vollmacht gilt bis zu ihrem schriftlichen Widerruf.

____________________	____
Ort, Datum	Unterschrift des sorgeberechtigten Elternteils, bei dem die Schülerin/der Schüler nicht lebt

Formular Sorgerechtserklärung

XY Schule
Schulstraße 25
00000 Musterstadt

Das Sorgerecht meines/unseres/des* Kindes

____

(Name, Vorname)
geboren am __________________ ist wie folgt geregelt:
[ ] **Wir** ____

(Name, Vorname beider sorgeberechtigten Elternteile)
sind gemeinsam sorgeberechtigt (bei unverheirateten Partnern mit gemeinsamen Kindern trifft dies nur zu, wenn durch den Kindsvater eine Sorgeerklärung [Jugendamt/Notar] abgegeben wurde).

[ ] **Ich** __________________ **bin allein sorgeberechtigt.**
(Name, Vorname des sorgeberechtigten Elternteils)

[ ] **Ich** __________________ **habe die Vormundschaft für das o. g. Kind.**
(Name, Vorname Vormund)

Bei alleinigem Sorgerecht und Vormundschaft ist dies durch Vorlage eines geeigneten Dokuments in der Schule nachzuweisen (Gerichtsurteil, Negativbescheinigung Jugendamt usw.)

Art des Nachweises:	
Einsicht der Schule erhalten am: / /20...	Unterschrift Aufnehmender der Schule

Folgende Hinweise sind zu beachten:
Das Sorgerecht ist im Bürgerlichen Gesetzbuch (BGB) geregelt. Es unterscheidet verschiedene Gruppen von Sorgeberechtigten. Die häufigsten Konstellationen – mit Konsequenzen für die Befugnis, Daten des Kindes an diese Person weiterzugeben – sind:

a. Zusammenlebende Eltern: Gemeinsames Sorgerecht (§ 1626 BGB) = Mitteilung von Daten an beide Elternteile grundsätzlich zulässig.
b. Dauernd getrenntlebende Eltern: Grundsätzlich gemeinsames Sorgerecht, es sei denn, gerichtlich ist etwas anderes geregelt (§ 1671 BGB) = Mitteilung grundsätzlich an beide Elternteile zulässig, aber bei gerichtlicher anderer Entscheidung Übermittlung nur an den festgelegten Sorgeberechtigten. Weiterhin ist auch zu beachten, dass der Elternteil, bei dem das Kind lebt, gemäß § 1686 BGB zivilrechtlich verpflichtet ist, den anderen Elternteil zu informieren und Einverständnisse einzuholen. Daher kontaktiert die Schule nur denjenigen Elternteil, bei dem das Kind seinen gewöhnlichen Aufenthalt hat. Hält sich das Kind zu gleichen Teilen bei den sorgeberechtigten Eltern auf, wird der Elternteil informiert, bei dem das Kind an diesem Tag seinen Aufenthalt hat.
c. Lebensgemeinschaften: Unverheiratete Partner mit gemeinsamen Kindern (§ 1626 a BGB), Übermittlung nur an einen Sorgeberechtigten außer bei Abgabe einer Sorgerechtserklärung, dann ist eine Übermittlung an beide Sorgeberechtigten möglich.
Die Unterschriften aller Sorgeberechtigten sind zwingend erforderlich bei allen Angelegenheiten und Entscheidungen mit erheblicher Bedeutung:
An- und Abmeldung an einer Schule, Teilnahme am Religions- oder Ethikunterricht, Einlegen eines Widerspruchs, Zurückstellung vom Schulbesuch, Ordnungsmaßnahmen, freiwillige Wiederholung einer Klasse, für Bildungsgang und Abschluss bedeutsame Fächer- und Kurswahl.

Im Falle einer Bevollmächtigung ist zu beachten:
Die Erteilung von Vollmachten durch die Sorgeberechtigten an Großeltern, Verwandte, Lebenspartner, Stiefväter, Stiefmütter usw. in einem Vertretungsfall ermächtigt den Vertreter nicht zur Ausübung des Sorgerechts und Entscheidungen von erheblicher Bedeutung (s. o.). Ein Bevollmächtigter kann aber alle Angelegenheiten des täglichen Lebens regeln (Informationen zum Leistungsstand und Verhalten des Kindes einholen, bei Elternversammlungen wählen und gewählt werden, das Fehlen des Kindes entschuldigen, Beurlaubungsanträge stellen).

Die Eltern sind verpflichtet, Veränderungen bezüglich der elterlichen Sorge schriftlich durch Nachweise (z. B. Gerichtsbeschluss o. ä.) der Schule mitzuteilen.

Mit meiner/unserer Unterschrift bestätige ich/bestätigen wir die Richtigkeit der angegebenen Daten zur Sorgeberechtigung. Die oben stehenden Hinweise habe ich/haben wir gelesen.

Sorgeberechtigte Mutter	Sorgeberechtigter Vater

Stichwortverzeichnis

Hubert

Rechtssicherheit in der schulischen Ganztagsbetreuung

Schulische Betreuungskräfte benötigen praxisnahe rechtliche Kenntnisse, um sicher in ihrem Arbeitsalltag agieren zu können. Das Buch gibt Antworten auf die wichtigsten Rechtsfragen, die sich im Alltag ergeben. Zahlreiche Merkblätter und Formulare helfen bei der Entlastung und der rechtssicheren Umsetzung des Erlernten.

2021, Softcover, 130 Seiten, ISBN 978-3-8293-1527-2, 30 €

Wörz | von Alberti | Falkenbach

Schulgesetz für Baden-Württemberg

Der kompetente Praxis-Kommentar widmet sich zuverlässig den Fragen und Problemstellungen der Schulträger ebenso wie den Interessen der Schulleitungen, Lehrkräfte und Erziehungsberechtigten. Die letzte Nachlieferung beinhaltet die einschlägigen Gesetzesänderungen und berücksichtigt die aktuelle Rechtsprechung. Die Kommentierung wurde umfangreich überarbeitet, insbesondere ist die Kommentierung des neuen § 8b enthalten. So liegt der gesamten Schulpraxis erneut ein aktueller und vollständiger Kommentar zum Baden-Württembergischen Schulgesetz vor.

Kommentar, Stand 2024, Loseblattausgabe, 1.294 Seiten, ISBN 978-3-8293-0421-4, 119 €

Dunkl | Niedermeier

Bayerisches Kinderbildungs- und -betreuungsgesetz **mit Kinderbildungsverordnung**

Kommentar, 9. Auflage 2024,
Softcover,
362 Seiten, 55 €,
ISBN 978-3-8293-1904-1

Kepert | Fegert

Multiprofessioneller Kinderschutz an der Schnittstelle Jugendhilfe - Medizin

2023, Softcover,
150 Seiten, 19 €,
ISBN 978-3-8293-1867-9

Brockmann | Littmann | Schippmann

Niedersächsisches Schulgesetz

Kommentar, Stand 2024,
Loseblattausgabe,
2.410 Seiten, 179 €,
ISBN 978-3-88061-594-6

Wolff | Nahrstedt

Schulgesetz des Landes Sachsen-Anhalt

Kommentar, Stand 2025,
Loseblattausgabe,
ca. 460 Seiten, 99 €,
ISBN 978-3-86115-243-9